VIVER É MAIS PERIGOSO PARA AS MULHERES?

Priscila Augusta Lima

VIVER É MAIS PERIGOSO PARA AS MULHERES?

Priscila Augusta Lima

Belo Horizonte - MG
2021

Revisão

Danielle Lagares Bicalho

Projeto Gráfico e Editorial

Casa do Escritor

Dados Internacionais de Catalogação na Publicação (CIP)
(Câmara Brasileira do Livro, SP, Brasil)

Lima, Priscila Augusta
    Viver é mais perigoso para as mulheres? / Priscila Augusta Lima. -- 2. ed. -- Belo Horizonte, MG : Ed. da Autora, 2021.

    ISBN 978-65-00-32321-4

    1. Mulheres - Condições sociais 2. Violência contra as mulheres I. Título.

21-85162   CDD-362.8808

Índices para catálogo sistemático:

1. Violência contra as mulheres : Problemas sociais
        362.8808

Eliete Marques da Silva - Bibliotecária - CRB-8/9380

"O correr da vida embrulha tudo.
A vida é assim: esquenta e esfria,
aperta e daí afrouxa, sossega e depois desinquieta.
O que ela quer da gente é coragem".

(Grande Sertão: Veredas. João Guimarães Rosa,
Editora Nova Fronteira: Rio de Janeiro,2006).

Para todas as mulheres e para todos
que lutam por uma sociedade transformada.

AGRADECIMENTOS

Às mulheres que me confiaram suas histórias de vida, suas lutas.
A Luiza Lima Dias, pela leitura do primeiro manuscrito e pelas sugestões.
Às amigas por seu incentivo.
As minhas irmãs, sobrinhas e sobrinhos por seu carinho.
A minha filha Izabela por iluminar minha vida.
A Dione de Melo Pereira pelo apoio à divulgação
A Vicentina Damasceno pela leitura crítica.
A Wanderminda Damasceno por sua leitura, sugestões e incentivo.

Em meio ao cangaço, ela foi uma mulher oculta e ocultada. Sentiu, sofreu sem poder se expressar, se identificar. Só pode realizar seu objetivo negando o que vivia em suas entranhas. Na luta pela sobrevivência ficou impedida de realizar o grande sonho de amor.

(Personagem do Romance Grande Sertão: Veredas de autoria de João Guimarães Rosa)

SUMÁRIO

APRESENTAÇÃO — 15

A MULHER E OS CONDICIONAMENTOS CULTURAIS — 27

CASAMENTO: O REAL E O SIMBÓLICO — 35

A VIDA NO LAR — 43

A JORNADA DE TRABALHO — 47

RUPTURAS — 55

DISCRIMINAÇÃO E VIOLÊNCIA — 63

A IDENTIDADE EM MOVIMENTO — 69

A CONSTRUÇÃO DA AUTONOMIA — 87

TRANSFORMAÇÕES NA SOCIEDADE? — 119

APÊNDICE 1 — 135

APÊNDICE 2 — 137

APÊNDICE 3 — 139

SOBRE A AUTORA — 141

APRESENTAÇÃO

Antes do lançamento deste livro e logo após escrever a primeira versão ouvi e recebi comentários, escritos, depoimentos de mulheres e homens que queriam falar sobre o tema. Alguns me desaconselharam a publicação: "Você vai mexer num vespeiro!!". "Quer um conselho: Não escreve sobre isto não!"

Teimei.

Com o livro em mãos e procurando canais de divulgação fui ao editor de um jornal institucional. Ele estava ao telefone. Falei com as assistentes todas 03 mulheres. Mostrei a capa do livro. Vi os olhos interessados delas e logo olharam para o chefe. Quando ele se aproximou, falei que escrevera aquele livro e procurava divulgar no jornal. Ele olhou a capa, o título e perguntou: Isto é ficção? Respondi: Não. É a realidade. Ele disse que só divulgava pesquisas científicas. As assistentes ficaram sem graça. Então já preparada pelos conselhos ouvidos, fui em frente e passei a buscar locais onde as mulheres estavam presentes para divulgar meu livro. Comecei a fazer algumas palestras. Apresentava o tema e falava um pouco sobre e conteúdo. Havia, às vezes um significativo silêncio geral. Ao final algumas mulheres se aproximavam. Ouvi delas:

Eu acho que mulher não é ser humano não!

Eu já passei por tudo isto!

Meu marido já me bateu várias vezes. Olha esta marca no meu queixo foi um soco.

Muitas mulheres demonstravam forte emoção. Outras não conseguiam falar nada, mas pareciam relaxadas e se reconhecerem naquela história.

Na ocasião, em 2018, a Declaração Universal dos Direitos Humanos completava 70 anos. O que eu observava era então a pouca efetividade deste documento em relação a violência contra a mulher. A negação de direitos atingia o alvo final, a vida. Em 2021, os movimentos de mulheres pela dignidade e pela vida se desenvolveram de várias formas, entretanto, as mortes aumentaram. A sociedade do século XXI no Brasil vem exterminando quem a reproduz biologicamente e assim caminha para o seu próprio extermínio.

Minha observação sobre essa declaração e minhas vivências e conversas com amigas, colegas de viagem e até relatos de mulheres que eu pouco conhecia foram, no período de alguns anos, se somando e constituindo um campo de reflexões que figuram neste texto. São elementos inseridos em um movimento maior de luta pela igualdade de direitos, respeito às mulheres e o consequente fortalecimento da identidade da mulher e diminuição da violência em nossa sociedade.

O agravante do impacto da pandemia de coronavírus em 2020 e 2021, fez do lar um lugar perigoso para muitas mulheres e crianças em muitos países. A cada fato noticiado ou registro feito em canais oficiais, percebe-se que as agressões sofridas pelas mulheres atingem de forma brutal a sociedade, produzindo, além das pessoas assassinadas, os criminosos e vários órfãos. O tema é complexo, pois expõe a necessidade de transformação de valores, ações e atitudes que incluem a legislação e a jurisprudência, envolvendo a cultura e as mentalidades.

Vivemos esta estranha situação na qual a sociedade vem exterminando quem a reproduz e assim ela mesma se desagrega. Ao longo dos séculos vem mantendo a mulher em situação de opressão. O risco persiste mesmo com a implementação de algumas legislações no arcabouço jurídico e de ações dos diversos movimentos de mulheres que lutam pelos Direitos Humanos para todo os humanos.

Relembro que na minha infância já cuidava da casa e de irmãos menores, fato comum ainda hoje para muitas meninas, especialmente as de família pobre com muitos filhos. Meu pai sempre trabalhando fora e minha mãe cuidando da criança mais nova. Era a vida comum para muitas meninas da minha época no meu bairro na periferia de Belo Horizonte. Não havia previsão na família de que eu quisesse ou pudesse continuar a estudar, apesar de ser boa aluna. Foi uma luta contra a corrente principal. Desde sete, oito anos aprendi a cozinhar, lavar vasilhas, lavar e passar roupas e cuidar de irmãos. Muitas vezes fui forçada a lavar as roupas de meus irmãos mais velhos. Fazia algumas compras para casa a pedido de minha mãe e o sentimento em tudo o que fazia no período de 1968 a 1976, era de obrigação como menina. Meninas tinham que ser caladas e submissas. Apanhei (o termo agressão não era usado) algumas vezes por me recusar a trabalhar para meus irmãos ou por questionar o por que daquela exigência.

Só quando comecei a trabalhar fora é que as coisas se modificaram um pouco e eu passei a não fazer tantas horas de trabalho doméstico. Associadas a estas vivências familiares, as situações de violência perpetradas contra as mulheres as quais observei e assisti ao longo dos anos passaram a se constituir um incômodo a ser analisado.

Assim, a partir de 2012, busquei reler os escritos da década de 1960 feitos pela psicóloga norte-americana Betty Friedan, denominado Mística Feminina, além do polêmico texto publicado em 1949 por Simone de Beauvoir denominado "O Segundo Sexo". Estas e outras leituras foram associadas às situações já citadas e levaram-me a estabelecer relações com as minhas experiências e os diferentes momentos e contextos vivenciados e investigados pelas autoras, envolvendo as mulheres americanas, francesas e brasileiras. No Brasil houve um longo percurso de mais de um século, de 1832 a 2015, com a organização de diversos movimentos de mulheres, conforme a cronologia citada por Eva Blay e Lúcia Avelar. Um ponto destacado é o ano de 1832, com a publicação do texto de Nísia Floresta, Direitos das Mulheres e Injustiça dos Homens.

A impressão imediata ao ler os textos citados de que pouco se caminhou pode ser enganosa, mas com certeza há persistência de traços de uma imposição cultural de força significativa sobre a realização plena das mulheres como seres humanos com potencialidades e capacidades.

Alguns pontos da minha reflexão foram: a formação cultural da mulher e do homem desde a infância, a ideia de um determinismo biológico para o comportamento da mulher, a forma de ser mulher, a imposição cultural de atitudes às mulheres, algumas formas de discriminação e violência, os caminhos percorridos, com as possiblidades decorrentes deles. Minhas reflexões apoiadas em estudos de grandes mulheres pavimentaram o caminho para que eu pudesse chegar a esta síntese parcial. Não existe pretensão de causar nenhum outro mal-estar às mulheres ou homens, além daqueles já causados pelas consequências da violência e dos fatos e situações divulgados nos diversos veículos de imprensa e redes sociais.

As notícias com ênfase nas tragédias familiares e mortes, assim como guerras e destruições, costumam ser consideradas boas notícias para aumentar o número de telespectadores ou leitores de jornal ou aumentar o número de acessos. Entretanto, apesar dos trechos das reportagens a seguir citarem aspectos dramáticos, eles têm sido de pouca valia para conter ou diminuir os dramas sociais, como venho observando na última década:

"Marido mata mulher com quatro tiros no salão de beleza".

"Policial mata mulher e filha".

"Jornalista mata a namorada".

"Namorado mata a namorada adolescente".

"Engenheiro mata juíza à facadas na via pública, na frente das filhas, na tarde de Natal."

Manchetes do século XXI no Brasil, algumas em 2018 e que continuaram em 2020 e 2021, quando os crimes atingiram mulheres do meio judiciário, como juíza, procuradoras e advogadas, demonstrando a fragilidade também das representantes deste poder.

Estaríamos vivendo um tempo de aumento da violência da sociedade contra a mulher? Uma década na qual as mulheres individualmente vêm se conscientizando e também morrendo. Às vezes é uma morte física, uma eliminação, um crime. Em outras é uma morte simbólica, uma negação de si mesma, das suas potencialidades. Esta violência contra a mulher, também chamada de violência doméstica, é o elo que reforça a manutenção de pessoas aniquiladas, negadas inclusive para si mesmas.

No Brasil, de 2004 a 2014, cerca de 50 mil mulheres foram assassinadas. Deve-se ressaltar que o Brasil, em 2015, ocupou o 7º lugar no ranking de países que mais assassinam mulheres (Mapa da violência 2015 - Homicídios de mulheres no Brasil de Júlio Jacobo Waiselfisz editado pela Flacso - Brasil <www.flacso.org.br>). Existem controvérsias se houve o aumento do registro de denúncias ou se aumentou de fato a violência como reação à tentativa de contenção da violência, ou se aconteceram as duas situações simultaneamente. Ainda foi necessário instituir um dia nacional da não violência contra a mulher. Muitas saem de casa com os filhos e a roupa do corpo e são acolhidas em abrigos, passando a viver de doações. Os serviços de atendimento à mulher já constataram que antes da agressão física ou do feminicídio, ocorrem outros tipos de violência como: a violência moral, psicológica e patrimonial.

A partir de 2020, com a Pandemia do coronavírus e a maior permanência em casa, a violência aumentou em vários países. Os dados são informados pela plataforma digital "Violência contra as Mulheres em dados", criada em 2018 com o apoio da ONU Mulheres, Instituto Patrícia Galvão e Instituto Avon. Nesta plataforma o "cronômetro da violência" registra uma agressão a cada 2 minutos, um estupro a cada 9 minutos, três feminicídios por dia.

É preciso ressaltar que a Declaração Universal dos Direitos Humanos, adotada e proclamada pela Assembleia Geral das Nações Unidas há 73 anos atrás, em 10 de dezembro de 1948, determinava desde então que:

Art. V - Ninguém será submetido à tortura nem a tratamento ou castigo cruel, desumano ou degradante.

Art. XVI - A família é o núcleo natural e fundamental da sociedade e tem direto a proteção da sociedade e do Estado.

Art. VI - Todo ser humano tem direito de ser, em todos os lugares reconhecido como pessoa perante a lei.

Art. VII - Todos são iguais perante a lei e têm direito, sem qualquer distinção, a igual proteção da lei.

Art. XXIII - Todo ser humano, sem qualquer distinção, tem direito a igual remuneração por igual trabalho.

Se na Idade Média, os assassinatos de mulheres eram justificados por acusações de bruxaria, como ocorreu com Joana D'Arc (1412-1431), uma camponesa que aos 16 anos participou da guerra dos 100 anos entre a Inglaterra e a França. Ela teria se vestido de soldado e, com o apoio do rei, comandou o exército propiciando o coroamento do rei e o controle da França sobre as terras ameaçadas pela Inglaterra. Entretanto, em 1430 foi presa, julgada e condenada por heresia e, a seguir, queimada viva, aos 19 anos, em praça pública em Rouen no território francês.

No século XXI, após 73 anos da aceitação mundial da Declaração Universal dos Direitos Humanos, mata-se por não se admitir que a mulher queira divorciar-se ou se separar do marido ou companheiro. Mesmo com a instituição de leis, a barbárie em relação à mulher persiste e às vezes parece avançar mesmo com todas as proposições legais e discursos repudiando a violência contra a mulher. O que a mulher poderia fazer diante destas pressões? Ser mulher na sociedade ocidental no século XXI implica a convivência com paradoxos. Ao mesmo tempo que consegue galgar postos de trabalhos anteriormente vedados às mulheres, ainda não tem o reconhecimento salarial ou salário igual ao do homem na mesma função, em sua posição profissional. Mesmo com títulos acadêmicos e competência para abordar aquela prática ou situação profissional enfrenta o preconceito e resistências. E nestas situações ocorre não raras vezes, que a mulher acredite que não será capaz de realizar aquela tarefa ou estudo.

Simone de Beauvoir em seu livro "O Segundo Sexo", apontou a ênfase social no masculino e a limitação da criatividade da mulher por meio das funções de mãe e esposa. No ano de 1962, Betty Friedan divulgou seu livro "Mística Feminina", que foi traduzido e publicado no Brasil em 1971 pela editora Vozes. Com as diferenças temporais, Friedan publicou treze anos após Beauvoir, na França, ambos os textos são abordagens feministas e iluminam vários aspectos que permaneciam obscuros. Uma releitura destes textos mais de 50 anos depois permite constatar a atualidade de vários aspectos abordados e sugeridos por elas e não concretizados ou efetivados.

Nesta perspectiva, considerei a possibilidade de pensar a identidade feminina, as formas de ser mulher, como ponto central para refletir sobre as diversas interrogações que me vieram a mente e especialmente sobre as motivações para a manutenção de comportamentos que deveriam ter sido banidos da vida social, além de outras inquietações que encontraram um ponto de interseção com os textos citados.

Segundo Betty, esta Mística Feminina envolveria aspectos culturais como a afirmação da existência de um determinismo biológico no comportamento feminino que encaminharia as mulheres para se realizarem plenamente com o casamento e com a geração dos filhos. Casar, ser mãe e dona de casa seriam pontos básicos da sua realização como mulher. O lar, o ambiente doméstico seria o espaço por excelência da mulher. O determinismo biológico justificando o comportamento feminino se apresenta de forma sutil nas definições sobre o que é a mulher, inclusive em alguns dicionários.

Ao lado disto, a experimentação diária de formas de violência, mesmo as que parecem sem importância ou sutis produzem impulsos para a reação nas pessoas em geral. Todavia, quando estas reações precisam ser contidas por seu potencial de risco para quem reage, a única opção é contornar o obstáculo. Há algo errado quando aumenta o número de mulheres que são mortas em uma sociedade considerada desenvolvida em diversos outros aspectos. Esta constatação levou-me a refletir e tentar compreender alguns fenômenos que atingem e envolvem a nós mulheres. Dentre eles destaco a enorme interrogação sobre as motivações para o extermínio de mulheres no século XXI no Brasil.

A construção de diferentes leituras e reflexões é um caminho a ser definido por quem optar pela leitura do texto. Ele se circunscreve em um tempo específico e em um cenário próximo a mulheres de classe média e brancas, que como eu viveram relacionamentos abusivos. Escutei várias mulheres, com algumas convivi desde a infância. Muito elas me ensinaram com a sua coragem e experiência, assim fui elaborando reflexões, sendo também chamada a conhecer e intervir em algumas situações de violência contra a mulher. Com certeza alguns pontos se aplicam a todas as mulheres de todas as classes sociais. À maioria é negado reconhecimento da sua imensa ação construtiva na sociedade, além de serem expostas ao enfrentamento diário da discriminação, preconceito e diversos tipos de violência e morte.

A MULHER E OS CONDICIONAMENTOS CULTURAIS

Desde o nascimento, ou antes mesmo dele, segundo Elena Bellotti em seu livro "Educar para a submissão - o Descondicionamento da mulher", publicado em 1975, já estamos predispostas a uma série de condicionamentos sociais. São regras, ações e comportamentos impostos às mulheres, associados ao aprendizado e execução de vários tipos de trabalhos domésticos como: cozinhar, lavar, passar, faxinar, cuidar de crianças. Durante muitos anos foi questionada a sua capacidade intelectual. Não se esperava muito do seu intelecto, impondo-se a desconfiança de possuir um sistema neuronal frágil. Entretanto, com as atitudes das mulheres no decorrer dos anos e a consolidação por elas de práticas sociais que confrontavam estes condicionamentos, algumas situações foram alteradas. Mesmo com estas ações, ainda é dominante na prática social, a subestimação da capacidade feminina em diversos campos da atividade humana.

E neste contexto, à medida que a mulher adentra o universo cultural e profissional, ainda é submetida às regras da sociedade atual considerada menos opressora, mais democrática, em transformação ou em extinção, mas que a realidade dos fatos vem demonstrando o contrário.

No século XXI, as meninas ainda continuam sendo treinadas a assumir as responsabilidades da casa. Se faziam compras, atividades no ambiente externo a casa como ir à feira ou padaria, comprar, pagar e receber troco, em geral isto ainda era pouco destacado. Seu mundo deveria ser o mundo da casa. Arrumar a casa e arrumar-se. Enfeitar a casa e enfeitar-se, cuidar de bonecas e dos irmãos menores. Em muitas famílias o ato de estudar em escolas e o aprendizado acadêmico não eram valorizados para as meninas e até desestimulados. Em alguns países ainda se matam mulheres e meninas que querem estudar.

A época da publicação do livro de Betty, já citado, a educação da mulher americana era estimulada como preparo para desenvolver a imagem convencional de feminilidade: passiva, dependente, conformista, incapaz de raciocínio crítico ou contribuição original para a sociedade. Os casamentos prematuros e a maternidade precoce foram influenciados nos EUA por educadores que sugeriam na época, em 1960, o adiamento da educação das mulheres para depois da formação da família, estimulando assim os casamentos prematuros. No final da segunda guerra a autora relata uma explosão demográfica no país, proveniente de casamentos precoces.

Ao realizar entrevistas com mulheres, ela observou a existência de uma lei não escrita que destina determinados postos a homens e outros a mulheres. No período em que muitas mulheres estavam ingressando nas universidades e empresas, houve um impacto sobre elas associados a apropriação da teoria Freudiana e de suas interpretações na vida da mulher nos EUA. A imposição de culpabilidade à mãe pelas neuroses do filho, por tudo que ocorria com o filho, pela sua ausência do lar.

O relatório Kinsey, também citado por Betty, trouxe na sua primeira versão a conclusão de que quanto mais educada a mulher fosse, maiores seriam as chances de ela ter perturbações sexuais, uma forma de dizer evitem o estudo. A segunda versão completa do relatório, divulgada uma década depois, afirmou o contrário. Constatou que de 5.940 casos estudados a conclusão foi então de que quanto mais culta a mulher, maiores seriam as suas possibilidades de realização sexual. Entretanto, mesmo com esta correção, os dados anteriores não foram totalmente corrigidos conforme detalhou Betty Friedan.

No contexto brasileiro, Bellotti apresentou o condicionamento social da mulher com os papéis e as ações que são desenhados para as meninas. E também como este enquadramento vai progressivamente sendo reforçado à medida que a menina cresce e se desenvolve. Da mesma forma, outras possibilidades vão sendo anuladas ou suprimidas como se retirasse algo indesejável com um bisturi. Desta forma foi se configurando como a mulher deveria ser na vida social.

Para Elisabeth Badinter, em seu livro "Um amor conquistado: o mito do amor materno", alguns detalhes da vida na corte francesa no século XVIII são reveladores. Os estudos sobre essa época mostram que muitas mulheres da corte deixavam os filhos com as amas para irem aos bailes ou mesmo entregavam seus bebês recém-nascidos a uma ama de leite e só tornavam a vê-los quatro ou cinco anos depois. Esta prática não as colocava naquele contexto como mães desnaturadas, uma vez que naquele momento isto não se constituía como uma diferença de comportamento ou uma cobrança social para que ficassem com os filhos. Era uma prática aceita na vida da corte. Embora existissem as imposições de natureza biológica como ovular, gestar, parir, algumas não persistiam para elas no pós-parto. As mulheres da corte não precisavam ficar com os filhos ou amamentá-los ou sentir culpa por deixá-los. Naquele momento histórico não se impunha para elas esta "natureza materna feminina". Retomando o livro de Simone de Beauvoir, "O Segundo Sexo", ela falou do fenômeno que chamou de imposição da espécie a individualidade da mulher. A primazia da atividade reprodutiva, com suas variações hormonais, a gravidez e a amamentação. O escape desta condição poderia ocorrer para Simone a partir da menopausa. Entretanto, mesmo com algumas alterações há ainda esta primazia em casos de mulheres já na menopausa emprestarem o útero para gestação de netos com as técnicas de Reprodução Assistida.

A abordagem da sexualidade, elemento fundamental da vida, também expressa como a sociedade considera a mulher. Durante a adolescência deve haver a ocultação do sangue da menstruação, não se fala sobre isto, às vezes mesmo entre as jovens. O menosprezo ou rejeição por este período possibilitador da reprodução da vida humana é perceptível em diversas culturas, negando o fato de que todos os seres humanos surgem e se desenvolvem com o sangue da mulher. Mesmo com esta evidência, a menstruação é destacada para se falar de TPM - Tensão Pré-Menstrual e não como fenômeno cíclico natural e necessário à reprodução da espécie. Para as mulheres, sangrar todos os meses significa viver alterações bruscas de níveis hormonais para que a sociedade humana continue existindo.

Por outro lado, se as meninas de 12, 13, 14 anos engravidam, isto geralmente se torna um problema para elas. Algumas destas adolescentes oprimidas, com baixa autoestima, acreditam nesta circunstância como possibilidade de reconhecimento social, para elas a única forma que encontram para "ser", é sendo "mãe". Assim ela será algo na sociedade, terá o nome do papel mãe. Serão reconhecidas como a mãe do fulano. Geralmente pouco ou nada se diz do adolescente ou adulto que é o pai do filho desta adolescente. Algumas meninas e até mulheres ainda "tornam-se" mães solteiras magicamente. Nesta realidade que pode incluir pobreza, violência e discriminação, algumas abandonam seus filhos. A mídia e a opinião pública falam em geral, sobre uma mãe desnaturada. Pouco ou nada se diz sobre o outro participante que contribuiu para que a gravidez ocorresse.

Na contramão destes comportamentos, algumas mulheres passaram a optar pelo que popularmente foi chamado de "produção independente". Em geral esta opção é feita por mulheres que podem pagar pelo procedimento que inclui técnicas de custo razoável. Elas recorrem a bancos de espermas ou a doadores anônimos para engravidarem, gerar e criar um filho sem a participação de quem doou uma das células iniciais. São duas situações diferentes vivenciados na mesma época e, por vezes, nas mesmas cidades.

Com a possibilidade do teste de DNA, aquelas mães solteiras citadas no primeiro caso passaram a ter um recurso para definir a paternidade da criança e solicitar a participação do pai na sua criação. A tecnologia também pode ser colocada a serviço da criança, cuja mãe poderá reivindicar legalmente a presença do pai biológico na educação e sobrevivência do filho ou ela poderá se abster desta solicitação caso haja risco da mãe e ou filha serem mortas pelo ex-marido ou companheiro.

Há muitas outras ocorrências graves envolvendo a sexualidade, a gestação e a maternidade, nas quais a mulher que é mãe torna-se alvo de manchetes de jornais como: "mãe joga o filho no lixo, mãe joga o filho na lagoa". Raramente se pergunta pelo pai. Frequentemente e facilmente se julga e condena a mãe.

Em 2017 uma rádio divulgou em uma chamada: "mãe desnaturada abandona os dois filhos". Posteriormente as crianças foram entrevistadas em um programa de TV e o menino de cinco anos disse: "Mãe, volta, estou com saudades de você, eu vou ser um homem de bem!" O repórter perguntou: "O que seu pai fazia?" O menino respondeu: "Ele jogou minha mãe na parede". A reportagem continuou criticando a mãe que teve esta "coragem" de abandonar os filhos. Poderia se deduzir que ela parecia fugir da violência, entretanto isto não foi considerado pelo repórter.

A participação e responsabilização masculina na concepção, nascimento e desenvolvimento do filho geralmente ficam centradas no aspecto econômico. Ele não pode engravidar alguém, pois terá que pagar pensão. Alguns matam a mulher ou a prole para não pagar a referida pensão alimentícia. No entanto, o desenvolvimento da responsabilidade paterna na formação das novas gerações é fundamental para que a sociedade como um todo se torne mais saudável. Quais são as alternativas para que a criação e a primeira educação dos filhos sejam entendidas como uma tarefa do casal e não apenas da mãe?

A partir do século XXI, algumas meninas foram além do aspecto ligado a gestação. Sonharam em se tornar cantoras, atrizes, modelos, jogadoras de futebol ou de vôlei, além das atividades em áreas acadêmicas tradicionais ou científicas. O campo da política também vem se configurando como um campo onde a minoria feminina busca conquistar algum espaço, reivindicando o funcionamento de cotas partidárias para as mulheres.

34

CASAMENTO: O REAL
E O SIMBÓLICO

Constata-se ainda na sociedade uma pressão associada à ideia de que as mulheres precisam se casar, preferencialmente mais jovens. Como em geral elas se casam com homens, surge um mal-estar. "A mulher não deve ficar para 'titia'". Contraditoriamente para os homens há um estímulo para que se casem com mais idade e não há problemas em parecer um solteirão convicto, não "querer se amarrar".

Com o casamento e o registro civil, os indivíduos fazem um acordo entre si por meio do qual há uma tácita crença e uma prática bastante usual de que a mulher deve acrescentar o sobrenome do marido ao seu nome, ou ainda substituir seu último nome pelo sobrenome do marido. Esta ação implica alterar documentos como a carteira de identidade entre outros, além de modificar a sua assinatura. Algumas cortam, eliminam parte de seu nome e acrescentam o sobrenome do marido. Teria esta ação um efeito simbólico no desenvolvimento do casamento? Qual seria este efeito? Seria um corte simbólico em sua identidade?

Em alguns casos o prestígio de um nome conhecido pode dar alguma sustentação para a manutenção de elementos da identidade que se associa ao marido. Michelle Perrot, em seu livro "Minha História das

Mulheres", publicado em 2007 no Brasil, aborda a dificuldade de reconstrução das linhagens femininas. Isto se deve a eliminação, ainda atual, de parte do sobrenome ou de todo ele e da adoção pela mulher do sobrenome do marido. Seria também um apagamento da história familiar da mulher, além de uma mutilação da identidade pessoal?

Conheci uma senhora que, pressionada, eliminou de seus documentos o sobrenome de seus pais e adotou o do marido. Ela gostava do seu nome de solteira, mas passou a assinar o sobrenome do marido no lugar do seu sobrenome. Então todos os filhos daquela união adotaram apenas o nome do pai, e ela percebeu muitos anos depois que o nome da sua família desaparecera. Quando conversamos, ela, na ocasião, já viúva e com mais de 70 anos, com os filhos criados e netos, desejava retomar seu nome de família. Pensava em procurar um cartório para ver esta possibilidade. Poderia parecer algo sem lógica, mas poderia também significar uma reparação, a reconstrução da identidade que foi perdida parcialmente junto com o nome. No casamento, estas modificações apoiadas culturalmente sugerem uma aquisição pelo marido de algo que deve passar a ter o seu nome, ser assim marcado. A recusa em modificar o nome por parte da mulher ainda é questionada, o que faz com que muitas mulheres continuem mantendo esta prática social com todas as suas decorrências.

Vem à minha lembrança o caso de uma conhecida que se casou oficialmente e adotou, por força destas convenções, o sobrenome do marido que era Silva. Nome muito comum no Brasil. Após alterar todos os seus documentos e ter que mudar sua assinatura, descobriu que tinha adquirido alguns homônimos. Estes homônimos lhe causaram vários problemas, como inscrição em cadastros de maus pagadores. Assim houve mais confusão em relação à sua identidade e ela teve que provar que não se tratava dela, demonstrando a sua filiação, indo a instituições para provar quem era ela. Vinte anos depois se divorciou e retomou seu nome original, refazendo todos os documentos pela segunda vez. Casou se novamente, porém, não mudou o nome desta vez. Neste caso a sua história positiva havia sido substituída pela trajetória negativa dos homônimos que adquiriu ao mudar o nome com o casamento. Duas vezes mudou de nome e de assinatura, além de fazer todos os documentos as duas vezes. Mas qual seria mesmo o sentido de adotar e assinar na identidade o nome do marido e alterar os documentos pessoais? Estas operações que envolvem custos com cartórios, documentos, mudanças de assinaturas teriam um efeito na identidade pessoal, na vivência psicológica da mulher?

E para os homens? Como eles compreendem esta formalidade cultural? Muitas vítimas de violência relatam ameaças que incluíam o sentimento de posse como: "Você é minha!" Este sentimento de propriedade seria estimulado pela inclusão do nome do marido, a sua marca na identidade da mulher?

Durante o casamento é comum que as mulheres mudem também preferências como o seu time de futebol e passem a torcer pelo time do marido. Com as atribuições pela vinda dos filhos isto fica também relegado a um segundo plano, com algumas exceções.

Há tempos testemunhei uma cena deplorável: em um salão de beleza, a proprietária, que era também cabeleireira, estava atendendo as clientes pela manhã, em um dia comum. O telefone tocou. Era o namorado. Ela atendeu e disse: "agora não posso falar com você porque estou atendendo uma cliente" e desligou sem ser hostil na sua forma de falar. Em menos de 10 minutos o referido namorado entrou pela porta dizendo: "não vai me atender não? E começou a bater no rosto dela com socos e empurrões. Ela reagia, pegava coisas para jogar nele. Assustada, fugi do salão, pois, espelhos e outros objetos estavam sendo quebrados. Saí para a rua e fui ao comércio ao lado ligar para o 190. O policial que atendeu perguntou algumas coisas e forneci o endereço, enquanto a violência continuava lá dentro. Eu insisti: quando vocês virão? Ele perguntou: "é você que está apanhando?" Fiquei sem ação e desliguei. Fui para a rua e vi quando uma manicure muito alta e forte jogou o homem para a rua. Aí entrei, peguei a minha chave que havia ficado lá dentro, minha unha estava esmaltada pela metade. O salão estava bastante danificado, com um enorme espelho quebrado. Olhei para ela; o olho roxo, o rosto sangrando. Não consegui dizer nada, só entreguei a ela o dinheiro e saí. Foi um dia de impotência total. Meses depois, em outro salão próximo, soube que aquela moça que havia sido espancada em público havia se casado com aquele mesmo sujeito e que viviam brigando. Por que algumas mulheres persistem em relacionamentos deste tipo? Como se percebem em meio a estas agressões?

Com a observação da vida das mulheres e do seu acesso ao mercado de trabalho já ouvi de jovens mulheres a afirmação de não quererem casar cedo. Ouvem por parte de tias e mães que devem se casar, que os homens estão mudando e que podem ter uma vida feliz. Ocorre que algumas delas têm se negado a aprender a cozinhar e fazer trabalhos domésticos. A condição de vida delas oferece a oportunidade de escolher entre situações diferentes e não precisam aprender a cozinhar para sobreviver, podem comer fora de casa com seu salário. Por outro lado, com o casamento, se os dois não souberem cozinhar esta situação forçará a divisão do trabalho, uma vez que ambos terão que aprender para a sobrevivência diária.

Friedan destaca a necessidade de realização plena da mulher do ponto de vista intelectual, até o limite da sua capacidade. Esta efetivação pode implicar em mudanças da imagem cultural tradicional de feminilidade com a elevação do potencial da mulher em todos os âmbitos e a detenção dos casamentos prematuros. E ainda estimular a educação igualitária de meninos e meninas para que elas possam também construir recursos de personalidade, vontade e objetivos que lhes permitam desenvolver a sua própria identidade.

Se ela for trabalhar, isto não deve interferir no status de provedor dele. Esta tem sido uma saída para a mulher estar no mundo da casa e no mundo do trabalho. No entanto, existem lares, nos quais as mulheres recebem salários maiores, tem maior nível de escolaridade e ainda assim se sentem submetidas, e de fato se submetem, ao exercício da totalidade das tarefas domésticas. O condicionamento da infância não se rompe automaticamente diante de uma nova realidade. Algumas vezes o marido tem dificuldade para aceitar que esta realidade seja dita publicamente, por crer que poderia ser uma humilhação. Ela também poderia fazer parecer que ambos mantêm igualmente a casa, o que ainda se condiciona culturalmente ser tarefa dele, apesar de atualmente em torno de 38% dos lares serem mantidos por mulheres. Ambos têm diante de si a tarefa de transformar o que já existe de fato em um direito conquistado e assegurado.

Betty Friedan pesquisou aspectos relacionados ao casamento nos EUA de 1957 a 1962. Após ouvir 200 mulheres em entrevistas, relatou as dificuldades para estudar enfrentadas pelas mulheres da classe média americana. Várias entrevistadas definiam como opção para suas vidas um casamento, abrindo mão da carreira e dos estudos.

O casamento desta forma é ainda enfatizado como necessidade, objetivo central da vida da mulher, sua meta principal, sua realização. De preferência um "bom casamento". Isto significaria, grosso modo, que o marido deve ter condições econômicas de assumir as despesas dos dois.

Havia, segundo Betty, em 1940, nos EUA uma suspeição em relação ao papel da educação na vida das mulheres e da sociedade. O ensino superior para as mulheres era visto, inclusive por educadores, como inútil e até perigoso. Para o bem das mulheres e da sociedade o melhor seria que elas fossem afastadas desta educação. Assim, o que a Betty denominou na época de Mística, seria o impedimento da evolução plena da capacidade humana da mulher. Isto traria e traz consequências para a sua saúde mental, envolvendo a família e também o país.

A VIDA NO LAR

Com o casamento, aquela que cuidava apenas de suas coisas ou das coisas da sua família passa a ter outras atribuições. Passará a cuidar e fazer as mesmas atividades e outras para um número maior de pessoas. A participação nos trabalhos domésticos não é, no casamento tradicional, algo atribuído aos homens e, às vezes nem é esperado pelas mulheres que assumem esta nova vida, que eles realizem estes trabalhos devido a formação cultural que estrutura a sociedade.

Embora se afirme a necessidade da divisão de tarefas domésticas, há ainda resistências para efetivar esta divisão. As resistências podem vir da própria mulher adaptada a estas funções. Desde a infância e adolescência da menina suas atividades são definidas culturalmente e não se modificam espontaneamente e nem rapidamente.

Por outro lado, a educação familiar do homem o leva a esperar a casa limpa, a comida feita, a roupa lavada, os filhos cuidados. Quem vai fazer estas atividades ou acompanhá-las? Quando o casal sai à rua, carregar o bebe é função feminina diante da sociedade. Somente quando a criança passa a pesar muito o homem é solicitado a participar ou se vê com jeito e necessidade de fazê-lo. Muitas vezes observa-se uma mulher com uma sacola de coisas de criança e com a criança no colo enquanto o marido caminha sem nenhuma sacola adicional. São aspectos culturais construídos ao longo dos anos.

Por vezes a mãe impede a realização de trabalhos domésticos pelo menino e os imputa somente à menina, reproduzindo as normas culturais.

Em algumas casas pergunta-se corriqueiramente à mãe ou à esposa: "onde está minha toalha? Onde está meu sapato? E até onde estão minhas cuecas? Não tenho cueca limpa! É isto que tem para o almoço? A casa está suja!" Perguntas e exclamações comuns ouvidas por mulheres que trabalham fora e dentro de casa. Uma amiga relatou que trabalhava fora de casa e também em casa e que diante de uma pergunta sempre corria à gaveta do marido e abria para entregar a peça a ele ou informá-lo. Quando não havia peças na gaveta, ela dizia sentir-se derrotada. Um mal-estar como se não tivesse feito o seu dever. Isto depois de trabalhar fora oito horas da mesma forma que ele. Um dia era tanto seu cansaço que ela se irritou e disse: "Eu não sei, eu não uso cuecas!" Foi um choque de realidade e de libertação para ambos. A emancipação feminina também pode ser liberdade para o homem. Friedan relatou o alívio informado por alguns homens quando as mulheres também contribuíam para as despesas da família com seu trabalho externo. Como se tirassem um peso dos ombros. Entretanto esta participação precisa levar em conta as diferenças salariais entre homens e mulheres. Para os mesmos cargos com as mesmas qualificações, em alguns casos estas diferenças chegam a mais de 60%.

Em geral, espera-se que a esposa deva chegar em casa e cuidar do bebê. Trocando fraldas, alimentando-o, ninando-o, banhando-o e pondo-o para dormir. Depois deve preparar o jantar ou algo para o marido e servi-lo. Deve arrumar a cozinha e depois se banhar e estar disposta e feliz caso ele esteja interessado em romance. No dia seguinte, repete-se a rotina, incluindo-se o trabalho na empresa, a feira, a padaria, o açougue, a escolinha, a roupa do bebê, cuidado com a casa, o acerto com a faxineira e estar linda e disposta, caso ele queira romance. Estes itens citados estão relacionados ao dia a dia e às peripécias necessárias para vivê-lo ou sobreviver a ele. Isto mostra a necessidade de fazer duas coisas ao mesmo tempo. Visto desta forma, este comportamento não seria, portanto, como se apregoa, uma característica da natureza feminina.

Seria uma exigência social a qual durante séculos elas se submetem e para a qual construíram formas adaptativas como: levantar mais cedo para preparar os alimentos previamente ou realizar duas atividades ao mesmo tempo.

A ideia da "mãe desnaturada" (desumana, cruel) atribuída àquelas que rejeitam seus filhos foi durante muito tempo associada às mães que trabalhavam fora de casa. Entretanto os dados citados por Friedan mostraram que crianças abandonadas logo após o nascimento ou eram filhos de mães solteiras ou pais bêbados. Assim, a sugestão dos discursos que eram julgamentos apressados era de que a mãe que trabalhava fora era responsável pela delinquência juvenil.

Ainda no Brasil algumas manchetes de jornais imputam sentimento de culpa a muitas mães que exerciam e exercem a dupla jornada. De outro lado, as mães que eram e as que são profissionais realizadas e felizes nas suas famílias e com seus filhos não recebiam destaque por isto. Muitas sofriam grande pressão para trocar a individualidade pela segurança. Em 2020 e 2021, com o confinamento das famílias nos lares imposto pela pandemia do coronavírus, constatou-se um aumento do registro de ocorrências de agressão a mulheres em todo o mundo. No site da ONU-Mulheres foi publicada a frase "O lar não é um lugar seguro."

A JORNADA DE TRABALHO

A escritora Simone de Beauvoir, no seu livro "O Segundo Sexo", afirma que a melhoria da condição feminina na sociedade seria possível a partir da distribuição do trabalho doméstico entre os pares. Seu livro polêmico deu suporte aos movimentos que surgiram na Europa e EUA. Mesmo com diferentes interpretações sobre os movimentos em muitos países, Simone é considerada uma precursora do feminismo quando apontou a ênfase da sociedade da época nos homens em detrimento as mulheres, com as consequentes falhas na identidade da mulher. Para Elena Bellotti no contexto brasileiro, a sociedade participaria de um tipo de condicionamento que põe a mulher como agente principal do trabalho doméstico e o homem como o que age na esfera externa. Este ponto relaciona-se a denominação de Mística citada por Friedan em 1962. A perpetuação desta construção social é requerida por alguns atores sociais de forma tão intensa que é comum observar conversas de mulheres centradas em assuntos triviais do cotidiano doméstico como ir à feira ou ao supermercado, sobre preços de produtos em lojas. Quando na roda de mulheres se busca um assunto que requer perspectiva ou opinião definida ou um aprofundamento, muitas manifestam insegurança, desconfiança. Como se quisessem dizer; por que me pergunta isto se eu não costumo pensar sobre? Há uma explicitação de um condicionamento ao qual estão submetidas.

Para Friedan, a chamada mística feminina considera que a mulher terá que cercear o marido e filhos que jamais poderão dar-lhe satisfação total compensando a "falta de personalidade" que não pode ser desenvolvida. Daí a possibilidade de hostilidades e acusações. Pode também transmitir aos filhos o seu desapontamento, autonegação e descontentamento resultante da falta de apoio e de coragem para se desenvolver.

O acesso das mulheres ao mercado de trabalho decorreu de uma conquista e uma necessidade. O exercício de atividades domésticas que supriam em parte as necessidades familiares como costurar e tecer, gerando inclusive algum recurso financeiro, não figuravam como um trabalho para a sociedade. Da mesma forma eram consideradas as atividades de manutenção da casa, da família e criação dos filhos. A busca por atividades no âmbito externo ao doméstico constitui uma alteração importante na trajetória social das mulheres.

Os trabalhos nas fábricas de tecidos em condições precárias foram agrupando as mulheres e exibindo as diferentes formas de atuação das gerências e proprietários em relação a estas operárias. As lutas e dificuldades resultaram em definições de uma jornada de trabalho e condições de trabalho menos perversas. Ao mesmo tempo surgiram novas formas de opressão neste ambiente modificado, como a baixa remuneração pela jornada de trabalho e o assédio.

As fantasiosas oito horas diárias de trabalho ou quarenta horas semanais de trabalho inexistem para a grande maioria das mulheres trabalhadoras. Quando trabalham fora de casa e em casa, estão no regime de tempo integral de trabalho, sendo a maior parte sem remuneração. Em geral, a jornada de trabalho da mulher começa quando ela se levanta e termina quando ela se deita. Se ela pode dormir oito horas, então o tempo restante é de dezesseis horas diárias e abrange todos os dias da semana. Alguns dirão: "mas ela está assentada fazendo as unhas no sábado!". Se ela for uma profissional que trabalha com o público, essa atividade é considerada uma obrigação do trabalho, uma vez que cuidar do aspecto estético ocupa tempo e as empresas exigem a "boa aparência".

Se apelarmos para a Matemática, tendo como referência as quarenta horas semanais, ou mesmo às vinte e quatro horas de um dia, o cálculo não fecha. Vejamos: dormir oito por dia, fazer higiene pessoal, servir o café da manhã para si e para a família, levar os filhos à escola, mais uma hora. Trabalho na empresa, oito horas, até aqui são dezessete horas em um dia. Restaram fazer o almoço da família e servi-lo, cuidando da louça e cozinha, mais duas horas, a mesma coisa com relação ao jantar, mais duas horas, total vinte e uma horas. Restou ainda fazer alguma compra necessária, auxiliar os filhos no dever de casa, cuidar da roupa do marido e filhos:

mais duas horas, são vinte e três horas. Se alimentar, ver TV, ser carinhosa com o marido e filhos, deve caber em uma hora, ou diminuem-se as horas de sono. Note-se que não foi computado o tempo de deslocamento de casa para o trabalho, nem orientações à faxineira. Tampouco considerou-se o tempo de uso do banheiro, o maquiar-se, lanchar, pagar alguma conta.

Outra forma de driblar o relógio ou dilatar aparentemente o seu tempo é a realização de várias atividades ao mesmo tempo. Mas surgem consequências da incapacidade de se desdobrar ao máximo e continuar linda, situação que vai se tornando cada dia mais difícil de compatibilizar. Muitas vezes a diminuição das horas de sono fazem um ajuste forçado. Decorrendo daí a possibilidade de posterior medicação para dormir, além da diminuição do interesse sexual para algumas. Alguns termos viram jargões na mídia e até em textos acadêmicos. "As minorias são invisíveis". As mulheres são "invisíveis". Quando se fala em potenciais da mulher ou da possibilidade da sua exploração no duplo trabalho, logo surgem suposições de um discurso feminista. Entretanto a sociedade é que não tem enxergado, está cega, nega-se a ver e reconhecer o fazer da mulher. A cultura não enxerga claramente como trabalho não pago o que é feito em casa. Esse trabalho diário, concreto e constitutivo do ser humano, como alimentar e cuidar.

O que eu quero dizer é que as mulheres estão ainda submetidas às condições de opressão apesar de alguns avanços. Como pode uma mulher no século XXI exercer uma jornada no sistema formal de trabalho e ainda em casa; manter a casa economicamente e algumas vezes ainda ser agredida pelo companheiro? O fator econômico por vezes está invertido em relação ao pressuposto cultural e mesmo assim a opressão persiste demonstrando que a lei cultural pode predominar sobre o fator econômico.

De outro lado a mulher presa ao lar, sem objetivos, torna-se alvo preferencial de propagandas para alimentar o consumismo ou mesmo de doenças conforme a sua condição econômica. O ato de consumir determinados produtos ou marcas significaria ser reconhecida. Este ato passa a ser associado a ser alguém. Responde pelo papel de consumidora e compradora da casa. Mesmo com os diversos eletrodomésticos passa mais horas cuidando das coisas da casa. O trabalho doméstico se expande ampliando a ação da mulher da responsabilidade familiar para a responsabilidade social. Que desafios teria o trabalho doméstico? Seria uma restrição ao impulso para evoluir? Uma contenção?

Na década de 1960, Friedan registrou um grande número de mulheres graduadas que escolheram ser domésticas, donas de casa. Para este grupo houve a transformação da maternidade, do casamento em carreira.

O exercício, por vários anos, do trabalho doméstico é exaustivo. Ele não é inócuo para a mulher. As longas jornadas provocavam e ainda provocam o tédio pela repetição e a fadiga, pois é um trabalho interminável.

Muitas mulheres destes lares revelavam em diversas situações comportamentos apáticos, desinteressados. Em industrias já se observou que os trabalhos repetitivos podem gerar estresse e custos adicionais. Sintomas diversos foram relatados, dentre eles a irritação, cansaço, falta de motivação, dores nos membros, dores de cabeça.

A condição da mulher, cujo desenvolvimento mental é impedido, está relacionada a sintomas, fraquezas e dependências confundidos com feminilidade. São também consequências deste impedimento o desenvolvimento de problemas relacionados a saúde mental. Na década de 1960, Friedan já informava a existência de um maior número de mulheres em relação aos homens com doença mental, sensação de vazio e também, com um número maior de tentativas de suicídio. Ela observou também que depois de 40 anos surgiram mais suicídios e hospitalizações e doenças mentais em mulheres que não desenvolveram talentos, uma profissão ou trabalho fora de casa.

Outro aspecto que merece atenção é a presença de uma mãe enfraquecida pela sociedade, com poucas capacidades ou incapaz de pensar por si mesma. Esta imagem deturpada repetida cotidianamente é transmitida ao filho e reforça a crença cultural nos filhos. Mesmo com as tentativas de culpabilização da mulher, ela é de fato a primeira vítima. Não desenvolve seus potenciais, não se realiza como ser humano e passa a ser o modelo de desenvolvimento perpetuando assim determinadas condições sociais e culturais.

Contraditoriamente não são divulgados estudos como a tese de Doutorado de 2018 da demógrafa Jordana Cristina de Jesus: Trabalho doméstico não remunerado no Brasil: uma análise de produção, consumo e transferência.

O estudo demonstrou que o cálculo do trabalho doméstico não pago, desenvolvido pelas mulheres em casa corresponde a 10% do PIB do Brasil.

Mesmo atuando em áreas consideradas de ponta, a mulher ainda fica relegada ao segundo plano. Não é vista como ser humano independente, com a mesma necessidade de evoluir que o homem.

54

RUPTURAS

Com a separação do casal, algumas mulheres são culpabilizadas por não manter o casamento e o marido, o que sugere a manutenção de uma união a qualquer custo, mesmo que seja nociva para si e para os filhos. Os esforços para manter uma união nociva às vezes resultam em morte para a mãe e até para os filhos. Muitos filhos presenciam as agressões e podem reproduzi-la, dando origem a violência intergeracional. Romper este ciclo significa questionar o modelo cultural e traz consequências como isolamento, assédio, julgamento social.

Uma mulher casada disse a sua amiga divorciada: "Eu penso que se um casal se separa a culpa é dos dois". Ou seria a decisão é dos dois? No caso desta mulher que se divorciara contra a sua vontade, as circunstâncias relacionavam-se com o peso do trabalho fora de casa associado ao trabalho doméstico e a pressão para ser ótima mãe para os três filhos pequenos. Os filhos que não haviam sido planejados tinham um ano de diferença de um para o outro. Ela trabalhava em uma empresa sob forte estresse. A jornada começava às onze, o que a obrigava a imprimir ritmos acelerados aos filhos e às tarefas domésticas e mesmo a ter fome às 10h30min para almoçar e sair. Contratou uma empregada doméstica. O excesso de atividades, humanamente impossível apenas para ela, ficaria a cargo da empregada e o preparo das refeições com a dona da casa. O marido chegava do trabalho e queria tudo bem feito e bem arrumado. Como as crianças se mexem e mexem nas coisas, ele ficava irritado e gritava que a esposa não fazia nada. Ela ficava apática, desorientada naquele estado de torpor. A parte sexual era mais um exercício difícil para ela em face do cansaço e do estresse do trabalho.

Seria injusto julgá-la como alguém que estava falhando como esposa e dona de casa. Observando sua jornada diária, ela estava fazendo o impossível, uma vez que realizava quase sempre duas tarefas ao mesmo tempo: cozinhar e orientar a empregada, e dar assistência aos filhos nas tarefas de escola e organizar suas coisas para o trabalho externo.

Situações como ver um filme inteiro e falar sobre ele, ler um livro e falar sobre ele, conseguir conversar durante uma hora sobre um determinado assunto, exercitando sua lógica, eram inexistentes para ela, assim como são para muitas mulheres trabalhadoras, casadas e com filhos. Seu esforço para realizar e sincronizar tantas atividades exigia da sua capacidade mental uma organização dos tempos e atividades para que o dia transcorresse em ordem para toda a família. Mas isto trouxe consequências para seu casamento e sua saúde. Com toda a pressão na qual vivia, ela não conseguia argumentar sobre a sua dificuldade e até impossibilidade de realizar todas as tarefas. O sentimento de incapacidade e o rótulo impingido pelo marido de preguiçosa começaram a interferir nas relações de trabalho. Ela passou a se sentir confusa e com dificuldade de reagir diante de alguns problemas do trabalho. Era considerada uma dona de casa falha, apesar do esforço que fazia e passou a ter dificuldades no trabalho externo. Foi demitida depois de 15 anos de trabalho. Divorciou-se mantendo a guarda dos filhos, teve depressão e passou a fazer tratamento psiquiátrico melhorando a sua saúde.

Outra conhecida de classe média, independente economicamente, não conseguia sair do relacionamento abusivo. Na ocasião trabalhava fora e tinha também três filhos menores. O pai das crianças bebia e tornava-se mais agressivo. O ponto de ruptura deu-se quando ele tentou enforcá-la na cama. Ela conseguiu encolher os dois pés e empurrá-lo no peito com toda a força, quando ele foi lançado contra a parede, ela conseguiu fugir com os três filhos.

Muitas mulheres mantêm durante anos um casamento para não serem rotuladas pela sociedade como fracassadas ou mesmo por medo da violência contra elas. Uma destas mulheres, com um emprego estável, durante 25 anos aceitou todas as mudanças de emprego do marido e a sua instabilidade financeira ficando sempre como provedora da família. Tinha queixas também sobre o excesso de bebida dele, sua falta de participação em casa, mas não poderia suportar o rótulo de mulher separada ou socialmente 'mulher fracassada".

Quando decidem pela separação, muitas mulheres já passaram por "uma via crucis" da qual restou aceitar-se como incapaz e falha. A pressão social exercida sobre a mulher divorciada é muito grande. Esta pressão é objetivada nas ações de segregação cotidiana e nas perguntas "ingênuas" do tipo: você não tem marido? Ou você é avulsa? Ou expressões: Que pena, ninguém deve ficar sozinho. Procure alguém. Nestas afirmações e ordens pouco importa quem seja este alguém: um bêbado, um gigolô, um agressor. É a força da imposição cultural agindo na fala de mulheres e homens. A manutenção do status cobrado socialmente ter um marido ou companheiro. Não há aqui discordância de que a vida em comum pode ser muito boa, prazerosa e compartilhada. A possibilidade de uma vida saudável e feliz depende das relações que envolvem o casal e não pelo fato de estar casada. Pode ocorrer que algumas que pronunciem as perguntas "ingênuas" sejam vítimas de violência, mas estejam enredadas em uma relação de extrema submissão e opressão. Por meio destas cobranças se valoriza o estar casada, não importa de que forma seja. Em muitas uniões os dois podem crescer juntos, mas na grande maioria a cultura exige que a mulher mude seus costumes, seu trabalho para atender as necessidades do marido. Simbolicamente, um realize as suas potencialidades pela submissão da outra.

Quando a mulher decide sair de uma união nociva, ela tenta romper o ciclo da violência da cultura primitiva e uma consequência pode ser a morte física, ou algum grau de discriminação e exclusão social. Entretanto, se tiver apoio poderá viver e desenvolver seus potenciais.

Estas circunstâncias que envolvem o casamento e a separação me levaram a indagar sobre o significado destas separações para a sociedade que enfatiza a manutenção do casamento a qualquer custo. Em cada separação na qual a mulher é agente ativo, é colocada em questão este modelo de sociedade e de cultura na qual ela vive e que prioriza o casamento a qualquer preço. No Brasil, 93% das mulheres são mortas por um companheiro ou ex-companheiro. O Datasus registrou que 5.039 mulheres foram vítimas fatais, sendo que as mulheres negras assassinadas representam mais que o dobro das mulheres brancas.

Houve um aumento de 190,9% da violência contra mulheres negras entre 2003 e 2013. O maior nível de agressão física também se relaciona ao menor nível de instrução das mulheres agredidas. No Brasil, menos de 25% dos assassinos de mulheres foram presos.

Quando até as mulheres cobram: "você não tem marido? Vai ficar sozinha?" A sociedade centrada nesta cultura prevê e espera o fracasso daquela que fugiu às regras. Devem ser excluídas ainda por ser uma ameaça para as outras mulheres ou casamentos ou então ignoradas se são realizadas profissionalmente, uma vez que estes atributos podem justificar uma opção e não um destino. A sororidade precisa ser estimulada. As mulheres que não têm filhos pequenos em geral parecem mais livres para estabelecer conversas em grupos onde participam mulheres divorciadas. Nestes grupos fala-se de viagens, livros, cinema, e, às vezes, de filhos e homens. Os temas das mulheres com filhos pequenos são em geral bem delimitados: as compras da feira ou sacolão, as faxineiras, as crianças e os maridos. No segundo grupo é mais comum haver queixas e mal humor. Com certeza, as condições de tempo e de alternativas disponíveis para acesso aos bens culturais são diferentes nos dois grupos.

A ruptura provocada pelo divórcio significa uma mudança brusca no cotidiano para o casal. Algumas mulheres sentem-se um pouco perdidas no início, sem saber como agir por conta própria. Há pessoas nesta situação que relataram nunca ter ido a um banco pagar uma conta ou comprar um eletrodoméstico sozinha. Necessitam aprender a estar só sem sofrer por isto. Ao estar só, ela pode refletir sobre o que se passou. No início pode ter a impressão de que não estava pensando direito, que estava confusa. A falta da situação anterior também se faz presente, especialmente se foi de longa duração. Aos poucos pode desenvolver uma sensação de liberdade. A partir daí há opção para um caminho de crescimento pessoal e maturidade. É claro que isto ocorre nos casos em que a mulher desejou a separação e busca superá-la, e não quando tenta reatar o relacionamento ou atingir o ex-marido, como os homens que reagem com violência contra a mulher diante da separação.

Com a sensação de liberdade e a clareza de pensamentos e a recuperação da identidade, surge aos poucos a capacidade de planejar e executar ações de forma independente. Conversando com algumas mulheres após a separação, elas me relatavam situações nas quais não sabiam como agir por conta própria. No início têm a impressão de que não estavam pensando, só agindo. Ou que era um pensamento sem autonomia, que dependia de várias outras coisas externas e estava preso a convenções. Muitas mulheres que vivem em um relacionamento abusivo estão sob a Mística Feminina, acreditando-se incapazes. Há um estado de torpor, sabem que deveriam denunciar e sabem das mortes cotidianas de mulheres, entretanto sua mente vagueia em questões como: Para quem falar? O que falar? O quanto falar? Para que falar?

Torna-se necessário buscar apoios para sair da paralisia, poder falar. A mulher agredida revive emoções variadas ao falar das violências ocorridas, necessitará da proximidade de pessoas qualificadas nesse momento, de uma escuta acolhedora, sem pressões. Os grupos e rodas de conversa são alternativas possíveis, entretanto, insistir e pressionar a mulher pode gerar impactos para os quais ela ainda não se preparou internamente.

Recém-graduada, insisti com uma mulher conhecida. Ela me falara diversas vezes que havia saído de casa com os 4 filhos e a roupa do corpo, deixando o marido em casa e que havia recomeçado sua vida e agora era vitoriosa. Ingenuamente insisti que o motivo para ela ter saído daquela forma deveria ter sido muito grave. Ela me olhou arrasada e confessou: "ele colocou o revólver na cabeça do meu filho mais novo". A revivência destas situações geram sentimentos de revolta, tristeza e raiva que precisam ser acolhidas sem julgamentos. As perguntas excessivas podem ser substituídas por uma disponibilidade para ouvir, apoiar e incentivar a mulher a prosseguir no seu desenvolvimento.

DISCRIMINAÇÃO E VIOLÊNCIA

Com todas as dificuldades causadas pelo divórcio ainda surge uma adicional e, às vezes, sutil: a discriminação. Em contatos com aquela mãe de três filhos que fora demitida do trabalho, observei que a mesma vivia sob estresse e com depressão. Depois veio a separação. Ela, mãe, passou a ter que educar cotidianamente sozinha os filhos do casal. Em geral numa circunstância de separação, os homens tornam se solteiros e buscam outra mulher. Em geral optam por uma mulher mais jovem e sem filhos, com quem começarão outra família. Já para a mulher recém-divorciada a responsabilidade dobra, assim como o trabalho a ser realizado. A pensão para os filhos às vezes torna-se um problema. Há casos publicados de pais que matam filhos e ex-mulher para não cumprir a sua responsabilidade junto aos filhos.

Com a separação a mulher, que por vezes enfrentava a violência psicológica ou física, terá que dar conta da tarefa que era do casal. Enfrentará, entretanto, um agravante: a discriminação que se manifesta até na família da própria mulher e na sociedade em geral. As mulheres separadas ou "avulsas", este era um termo usado de forma jocosa por um grupo de mulheres. O termo avulso significa um objeto separado da coleção da qual fazia parte; ou desligado do corpo. A ruptura ou fim do relacionamento parece ser uma transgressão da ordem cultural e mais uma culpa direcionada a mulher. De toda forma estas rupturas tornam-se também uma ameaça para a mentalidade que cultua a manutenção do casamento tradicional a qualquer preço. Por outro lado, ocorrem mudanças na jornada, no tempo que passa a ter. O tempo dedicado ao parceiro e a prontidão no lar passam a ser tempo livre para a mulher.

Alguns homens podem perceber aquela mulher que se divorciou como se estivesse disponível ou mesmo necessitada de outro relacionamento, ou de ter um parceiro. Não raras vezes manifestam atitudes de assédio ou desrespeito. Torna-se necessário criar estratégias para se preservar de incômodos, evitando algumas conversas, diminuindo as interações. Os agrupamentos tornam-se diferentes para aquela que frequentava os agrupamentos dos casados.

A separação, ou divórcio, pode ser entendida como uma disponibilidade imediata da mulher para outros relacionamentos. "Está sozinha, está disponível". Assim podem ser vistas como potenciais ameaças aos casamentos e ainda alvo de assédio. Este cerco e importunações trazem sérias consequências à estabilidade mental da pessoa assediada, conforme inúmeros relatos já divulgados na mídia.

Os convites para encontros e festas onde se reúnem casais, mesmo familiares, vão escasseando. Os filhos também podem ser de alguma forma discriminados, uma vez que o pai não está ali. Podem sentir-se fragilizados. Podem ser vistos como filhos sem pai. Em geral os convites de casais priorizam os casais. É preferível a convidar uma mulher divorciada ou fora da coleção. Este parece ser o pensamento corrente que presenciei em muitos ambientes.

Há ainda situações como a citada por uma amiga: Jane, recém-divorciada, presente em uma festa, estava em um grupo de pessoas quando chegou Nereide, uma pessoa que já havia ido à casa dela em um churrasco, levada pela irmã de Jane. Esta mesma pessoa que havia sido muito bem recebida em casa de Jane aproximou-se da roda de pessoas que conversavam e foi cumprimentando uma por uma e apertando a mão. Na vez de Jane ela simplesmente a saltou como se ela não existisse e continuou cumprimentando os presentes. Jane ficou perplexa e chocada com a atitude de Nereide. Ela já a conhecia, já tinham trocado algumas ideias, ela havia ido a sua casa. Então Jane compreendeu que sua separação havia sido noticiada fazia pouco tempo e o motivo para a atitude de Nereide era a discriminação. Ela agiu como se Jane não existisse, não a enxergou, ficou cega para ela. Esta situação é danosa para ambas, de forma diferente.

Eu vivenciei, nesta etapa da minha vida, muitas aprendizagens. Compreendi que para exercer a autonomia em atividades que precisam ser realizadas no cotidiano o verbo é aprender e aprender. Aprender a ir à oficina mecânica, aprender a comprar materiais de construção, a contratar pedreiros e pintores, dentre tantos outros profissionais. Várias mulheres estão agindo nos subterrâneos sociais, além da ação na superfície da sociedade. Muitas delas são empurradas, mas submergem. O que empurra é uma mentalidade reativa às mudanças que atinge homens, mulheres e crianças. As pessoas não se dão conta da pressão que exercem em nome da manutenção do que consideram como rígido e imutável, mesmo que anulem a existência da mulher e, às vezes, até dos filhos.

Além de todos estes aspectos, ainda é perigoso para a mulher divorciar-se, pois pode ser morta por este motivo. Em relacionamentos abusivos, por vezes as mulheres se calam por medo, por não conseguirem sair daquele ciclo de violência ou ainda por depender do agressor para sobreviver. Os relatos de mortes de mulheres e impunidade dos agressores também deixam a mulher muitas vezes com a sensação de estar em um "beco sem saída". Atualmente as fogueiras medievais deram lugar a fenômenos nas redes sociais, com julgamentos apressados, condenações e a culpabilização das mulheres mortas ou agredidas.

Assim tem sido comum a mulher aprender a lidar na fase inicial de separação com certo isolamento e "gelo" por parte de "amigos". Pode ter um sentimento de solidão. No entanto, esta solidão pode ser fecunda, auxiliando a recuperar sua identidade pessoal, antes fundida no outro. Aos poucos pode se reorganizar e organizar seus tempos e espaços, sua situação econômica e afetiva.

Aquela que estava inserida no mercado de trabalho e tem sua renda, pode conquistar uma autonomia econômica e pode adquirir bens e em geral fazer o que gosta ou escolher o que quer fazer. Vai reafirmando a sua identidade, seu gosto pessoal, passa a se sentir mais segura consigo mesma e nas relações interpessoais. Os próximos relacionamentos podem ter um nível de exigência mais alto. Inicia um exercício de persistência.

A IDENTIDADE
EM MOVIMENTO

A francesa Simone de Beauvoir foi criticada por religiosos e políticos. É considerada uma precursora do feminismo, tendo questionado o determinismo biológico na formação da identidade da mulher ao apontar os limites à sua criatividade e ao seu desenvolvimento impostos pelas funções de mãe e esposa. A crítica contundente da sociedade da época associava-se a pressão exercida por esta mesma sociedade na formação da mulher dentro dos padrões formulados. Já a luta pela emancipação feminina na América do Norte teve início no século XIX, logo após o movimento da libertação dos escravos. Até então a mulher não tinha direito ao voto e nem a possuir bens. A crença era então de que as mulheres republicanas que tinham marido não precisavam de bens para protegê-las. A sociedade definia de fato que homens e mulheres não tinham os mesmos direitos, não eram iguais perante a lei.

Pelos relatos de Friedan, na década de 1920 as mulheres americanas buscaram estudar e desenvolver suas carreiras. Depois de 1920, com o voto feminino aprovado, houve a disseminação da ideia de que os direitos das mulheres já haviam sido conquistados, pois haviam adquirido o direito de votar. A partir de 1940 houve uma reação reforçando o caráter, a natureza da mulher relacionada a passividade e sua realização plena por meio dos filhos. Esta difusão da "mística" fez com que muitas mulheres graduadas voltassem apenas para as atividades domésticas e de apoio aos maridos e filhos. Foi um tipo de reação ao avanço do movimento feminista. Uma retomada da adequação ao conformismo e a visão social anterior sobre as mulheres.

A americana emancipada seria para Friedan a mulher da década de 1920. Entretanto, para esta autora, nos Estados Unidos da América em 1940, com as novas abordagens da Psicologia, especialmente a Psicanálise, o conceito mal interpretado de inveja do pênis por alguns teóricos acabou posicionando a mulher em um retrocesso, como ser biologicamente inferior, um homem a quem faltava algo. Ela citou as estatísticas no período, informando um percentual de 69% das tentativas de suicídio entre as mulheres. A mulher encontrava-se neste período confinada ao lar. Analisando 50 estados americanos, Friedan encontrou também forte correlação entre feminicídio e quantidade de armas registradas, sendo a maioria das mulheres assassinadas então com armas de fogo.

Ela também criticou o funcionalismo americano da época por levar as mulheres a crerem que a melhor opção era preferencialmente o lar. Prevalecia então a ideia de que a anatomia inferiorizava e comandava o destino da mulher. A maternidade como definidora do ser mulher. O movimento pelo parto natural e amamentação foi apropriado pelos funcionalistas. A mulher passou a ser orientada para representar um determinado papel feminino defendido pela "corrente principal". Nadar contra ela era defrontar-se com grandes obstáculos. Para a mulher que pretendia realizar seu potencial, o perigo alertado pela ideologia dominante era também tornar-se assexuada.

Assim, segundo Friedan, muitas jovens mulheres desistiram, nos EUA na década de 1940, de parte da sua humanidade, de seu potencial para não "perder" a feminilidade. Ao invés de serem estimuladas em seu desenvolvimento mental, o estímulo era das funções sexuais e de reprodução. Diversas jovens interrompiam seu desenvolvimento mental aos 14 ou 15 anos adequando se aos "padrões", as imagens femininas propagandeadas. As jovens passavam da condição de filhas a esposas sem enfrentar os conflitos da construção da sua identidade individual. O desenvolvimento estancava. O casamento era o caminho para a obtenção de uma identidade, a de esposa e depois mãe.

Bell Hooks no seu livro: O feminismo é para todo mundo – políticas arrebatadoras; publicado no Brasil pela editora Rosa dos Tempos, em 2019, destaca a necessidade de considerar a classe e a raça nas abordagens feministas, contudo considera que as lutas das mulheres de classe média tiveram impacto na vida de todas as mulheres.

Em nosso país, da mesma forma que nos EUA, a luta pelo voto foi um fator importante para o desenvolvimento da identidade feminina, fortalecendo as ações que seriam empreendidas a seguir. No Brasil a luta pelo voto feminino travou-se inclusive na esfera jurídica, uma vez que a mulher não existia no texto jurídico como indivíduo. Quando se referia a cidadãos, ela não era considerada para a vida política. No período de 1917 a 1922 vários acontecimentos mundiais e nacionais no campo da história, política e artes inspiraram a criação, em 1919, por Berta Lutz, da Federação Brasileira para o Progresso Feminino. Objetivavam o direito de voto e o trabalho sem autorização do marido. Só em 1932 foi alcançada uma destas reivindicações, a do voto. Inicialmente só as mulheres casadas, com o aval do marido e as viúvas e solteiras com renda própria poderiam votar e serem votadas. Em 1933 foram eleitas oito deputadas estaduais em todo o Brasil.

A compreensão era de que a mulher casada deveria atender as prioridades do lar, dos filhos e do marido. O tempo para refletir, pensar sobre voto ou eleição não cabia a ela até então. O tempo para si mesma, aperfeiçoar suas capacidades também era reduzido. Além disto, muitas delas deixaram de estudar. Friedan relacionou a falta de um objetivo à falta de identidade. O que esta mulher buscaria por si mesma? O que constituiria então esta identidade?

A subjetividade da identidade é representada pelo eu singular. Aquilo que ninguém pode dizer pela pessoa. A outra parte diz respeito a comunidade, ao âmbito social. Friedan observou em rodas de conversas com mulheres de 40 anos, a persistência de uma fala centrada no passado e uma incapacidade de planejar o futuro, a falta de objetivos. Associou a luta da mulher por sua identidade a autonomia para a participação em atividade criadora o que seria inseparável da realização sexual como condição de maturidade.

Compreendo que há uma indissociabilidade entre a identidade social e da identidade pessoal. Não se fundem, mas tem pontos que se apoiam mutuamente. Esta formação envolve elementos interpessoais, intersubjetivos, culturais e sociais. Para a construção da identidade e a construção social do sujeito a qualidade das interações, os aspectos saudáveis e o respeito a integridade física e psicológica do outro são fatores favoráveis e impulsionadores.

Ao questionarmos como a história individual de cada mulher é determinada pelas condições históricas e culturais do seu grupo social, poderemos constatar que, no nível ideológico, há uma reprodução de certas ações como naturais: casar, ter filhos, fazer trabalho doméstico, ser submissa, não se interessar por temas complexos. A investigação destes comportamentos para se chegar às razões históricas da sociedade e do grupo social a que pertencem às mulheres é que pode sugerir ou apontar explicações para as ações dos indivíduos. As consequências podem possibilitar que sejam compreendidas as motivações presentes e estimular o apoio às mulheres no processo de desenvolvimento da consciência de si mesmas. Um grande obstáculo já enfrentado pela mulher foi provar que era um ser humano e, a partir daí, enfrentar uma série de desafios para tornar-se um ser humano completo. A declaração de 1948, citada anteriormente, afirma direitos humanos que contraditoriamente ainda não se aplicam às mulheres.

Buscando alguns significados dos termos mulher e homem em dicionários brasileiros observei a ênfase na natureza biológica da mulher e ainda a definição de mulher em relação ao homem. As definições dicionarizadas são formas de registro dos significados em determinada cultura e da sua projeção e perpetuação.

Por exemplo, o Minidicionário Silveira Bueno 2007 define:

Homem: s.m. Animal racional bípede e mamífero que ocupa o primeiro lugar na escala zoológica, ser humano.
Mulher: pessoa do sexo feminino, esposa.

Esta definição considera mulher também pelo seu papel de esposa. Note-se que não reproduz nesta versão a expressão ser humano para a mulher.

O Novo Dicionário da Língua Portuguesa de Aurélio Buarque de Holanda Ferreira de 1986 registra:

Mulher: Ser humano do sexo feminino capaz de conceber e parir outros seres humanos e que se distingue dos homens por essas características.

Neste caso a definição citada enfatiza o aspecto biológico da gravidez e gestação para definir a mulher.

No dicionário eletrônico Wikipédia as definições são:

Homem: Ser humano adulto do sexo masculino.

Mulher: Ser humano adulto do sexo feminino.

Conforme destaquei, os sujeitos em seu meio cultural por diferentes caminhos compartilham e divulgam uma ideia e concepção do que é ser mulher. Estas definições citadas podem associar a imaturidade à feminilidade.

Os dicionários são meios que retratam e divulgam os significados existentes e compartilhados na cultura naquele momento histórico. Entretanto não são imutáveis, pois o significado das palavras é dinâmico e sofre interferências das práticas sociais e do contexto sócio-histórico e cultural. As diferentes definições relacionam-se às transformações pelas quais a vida social vai sendo ressignificada e renomeada. Na última definição do dicionário eletrônico há um equilíbrio dos termos na definição.

Com a explicitação destes movimentos compreendo que esta identidade social se refere a características que foram apreendidas nas relações grupais, sejam familiares ou de amigos, com o desempenho de papéis diversificados. Por meio destes vai se descobrindo e se formando também o indivíduo singular. Nesse sentido, os papéis exercem uma mediação ideológica, criando a ilusão de que são papéis naturais e necessários, e que a identidade é só consequência da livre opção dos sujeitos. Não há dúvidas e nem questionamentos em uma análise superficial, mas há um nível de ação ou reação interpessoal das mulheres e dos homens. Estas intervenções propiciam também o desenvolvimento da sociedade e da cultura.

Se imaginarmos que uma mulher é apenas sua identidade pessoal, e que esta é resultado de opções que ela faz devido à constituição biológica, sem examinarmos as condições sociais através das histórias pessoais, de violência ou não que foram determinando a aquisição de certas características que a definem, estaremos reproduzindo o que é previsto e esperado. Estaria se atribuindo ao indivíduo apenas, a responsabilidade que envolve o meio que estimula ou não o seu desenvolvimento. Neste sentido as condições sociais podem favorecer o desenvolvimento ou o aniquilamento desta identidade pessoal.

Há também um espaço de ação dos indivíduos, uma vez que as identidades se definem nas interações pelo contato e, às vezes, pelo confronto com o outro; por ter de estar em contato, pela necessidade de se opor, de tornar-se mais ou menos livre, de poder ou não construir por conta própria uma realidade de sentidos e significados desenvolvendo suas potencialidades. A identidade significa também o próprio reconhecimento social das diferenças entre as pessoas, da particularidade, da individualidade de cada uma.

Esta oposição e construção da singularidade pessoal muitas vezes são violentamente reprimidas nas relações interpessoais, abrangendo inclusive aquelas que extrapolam o casamento. Podem estar nas relações entre irmãos, entre colegas de trabalho e na escola, e também no casamento. A expressão adoecida das mulheres submetidas a esta situação é a de pessoas inseguras, alienadas, sem opinião própria e às vezes com mecanismos de defesa perversos como a ironia e a identificação com o opressor.

A construção das imagens com as quais as mulheres se percebem, passa, a meu ver, pelas suas vivências no emaranhado da cultura no ponto de interseção com suas vidas individuais. A nossa condição de mulher na sociedade suscita a necessidade da luta pela sobrevivência e nesta ação estão presentes os símbolos que ainda nos definem como minoria psicológica dominada, mas, de qualquer modo, sinalizam uma identidade que se constrói, e não apenas por oposição à cultura dominante, mas para estabelecer a diferença e buscar a igualdade social.

Ao abordar o tema crise de identidade, Betty Friedan relatou situações vividas por mulheres de classe média da sua geração na década de 1940. Os aspectos citados a mais de seis décadas são ainda observados no cotidiano de brasileiras nos anos de 2021. A crise na perspectiva apontada por ela referiu-se ao abandono dos projetos acadêmicos e de profissionalização de inúmeras das mulheres para dedicarem-se e exclusivamente ao lar, conforme sugeriam diversos teóricos na ocasião. Ela própria vivenciou a dúvida. Questionou se a universidade seria o melhor caminho para uma jovem de 17 anos que sempre o desejara. Contudo, conseguiu graduar-se em Psicologia e fazer a Pós-graduação, conseguindo logo depois uma bolsa para o doutorado, uma carreira de psicóloga profissional. Era o que desejava. Entretanto apavorada e em dúvida, com receio de ficar só, distante do namorado, recusou a bolsa aliviada. As dúvidas e a insegurança estavam relacionadas a um papel social esperado para o seu grupo de mulheres. Era apregoado que a opção saudável para se realizarem era o casamento e os filhos. A educação superior poderia trazer prejuízos para a mulher e para sua família.

Ela não conseguiu explicar por que desistira, não compreendeu o porquê da sua atitude. Casou-se, teve filhos e viveu sob a "mística feminina" como dona de casa. Não encontrava, na ocasião, um objetivo na vida. Conversando com mulheres graduadas dezenove anos depois, percebeu que a mesma cena que lhe ocorrera repetia-se com outras mulheres.

Adentrando no universo da situação que já vivenciara passou a se reunir na sala da universidade com jovens mulheres, a maioria noivas. Quando perguntava sobre a pretensão no futuro, elas falavam sobre o casamento, apartamento, arranjar emprego de secretária enquanto o marido terminava os estudos. Uma das jovens resumiu a situação: elas serão esposas e mães deixarão de estudar.

Betty trabalhou sua ideia e percebeu as dificuldades educacionais enfrentadas pelas mulheres da classe média americana. Com certeza os obstáculos eram maiores em relação as mulheres trabalhadoras das camadas menos favorecidas.

A autora argumentou em defesa da realização plena da mulher do ponto de vista intelectual e da capacidade humana. Destacou a necessidade de mudança da imagem cultural de feminilidade com a plena realização da mulher em todos os âmbitos e a detenção dos casamentos prematuros.

Defendeu a educação igualitária de meninos e meninas para que elas possam também construir recursos de personalidade, vontade e objetivos que lhes permitam desenvolver a sua própria identidade.

Na ocasião era comum a abordagem e o estudo de temas relacionados as crianças e ao lar pelas mulheres. Betty aponta a necessidade do estudo das ciências e da história para a criação de novas ideias. Ela enfatizou no seu texto a importância da Educação superior para o desenvolvimento pleno da mulher e a diminuição dos casamentos precoces e assim um rompimento com o papel feminino da época e uma busca de transformação social a partir das mulheres. Estas ainda viveriam em sua mente uma luta, iludidas e aprisionadas pela mística feminina. Com apoio e informações poderiam entender que o casamento e a maternidade são partes importantes da vida, mas não são a vida da mulher.

Depois de suas entrevistas Betty considerou que estava ainda presente a Mística Feminina. Para ela esta mística levaria a mulher a ignorar a sua identidade, poderia ser reconhecida como a mulher de Fulano. E ainda que a mulher americana da época não tinha uma ideia de quem ela era ou deveria ser. A geração seguinte começou lentamente a apresentar discordâncias. Disse uma jovem de 17 anos: "Não posso me imaginar casada e com filhos. É como se eu não tivesse nenhuma personalidade. Minha mãe dedicou-se tanto a família que não sobrou nada para ela. Ela não tem nenhum objetivo, exceto arrumar a casa".

Betty associou a falta de uma identidade nas mulheres de então a uma atrofia ou falta de crescimento, perpetuada pela mística ou ideia de que era o destino obrigatório de toda mulher: ser mãe e dona de casa. Para ela a cultura americana não permitia a mulher aceitar ou qualificar sua necessidade básica de crescer e alcançar sua plenitude como ser humano.

O fracasso de um grande número de mulheres americanas em se descobrir, se perguntar quem era e o que desejava ou construir sua identidade as levava muitas vezes a culpar o marido e os filhos que se desenvolviam. As contradições vivenciadas e a busca desta identidade levaram-nas posteriormente para fora do lar para o estudo e trabalho externo.

Entendo que o processo de construção de suas particularidades nas diversas situações enfrentadas por cada mulher gera sobre ela, como já destaquei, a formação de uma imagem de si mesma, uma imagem viva que, aos poucos, se constrói ao longo das experiências de trocas com os outros: mães, pais, a família, nas relações interpessoais e nos seus grupos de trabalho e contato. O que vai constituir a sua identidade relaciona-se à sua forma de ser, de estar na sociedade, como se percebe e interage nesta mesma sociedade.

A identidade no âmbito social é assim respondida para além do substantivo, o nome próprio, "eu sou fulano". Vai além do verbo também, da ação, o que faço. O que recebo do outro, o que sofro. A identidade consiste em um fenômeno social em desenvolvimento, não estático, um fazer-se a si e aos outros.

A ideia de transformação ou de reconstrução da identidade feminina tem sintonia com os movimentos de mulheres em muitos países no século XXI e, dentre eles, o Brasil. A identidade que se constrói não pode ser compreendida como algo fixo, e sim algo que se constitui como produto de um permanente processo de identificação, que expressa a atividade social. Este fenômeno inclui também as mídias eletrônicas e a divulgação de informações em quase todo o planeta de forma rápida. Este dinamismo reflete a estrutura social em movimento ao mesmo tempo em que reage sobre ela conservando-a ou transformando-a. Quanto a este ponto podemos identificar muitos avanços e também retrocessos e reações à construção da identidade da mulher.

A identidade pessoal que se apresenta também na pergunta "Quem sou eu?", vai sendo respondida cotidianamente pelos sujeitos e suas ações. As respostas são comportamentos sociais que vão compondo, formando e modificando uma identidade social e também pessoal. Os enfrentamentos, as conquistas das mulheres são elementos intervenientes nesta identidade em movimento.

Fica explicitada desta forma a importância das ações em um nível mais amplo e também de atitudes individuais para consolidação de um processo dinâmico que se inicia com a vida das pessoas. São ações, atitudes e intervenções na sua forma de ser sujeito social em processo de construção. As relações formadoras que vão ocorrendo nos diversos âmbitos sociais, vão determinando as identidades dos sujeitos e suas ações. A relação entre o individual e o social está presente nessas dimensões.

Estas injunções podem fazer supor um progresso no sentido positivo linear para o desenvolvimento da identidade da mulher com consequente valorização do seu papel social. No entanto, este desenvolvimento não é linear. Ele enfrenta obstáculos, pois conflita interesses. Este desenvolvimento está sujeito a avanços e retrocessos ao relacionar-se à vida pessoal e individual de sujeitos ou grupos. Ele enfrenta também formas de repressão explicita, pois envolve uma transformação social.

Ao atuar na construção da sua identidade, a mulher age muitas vezes em situação de opressão social e familiar. Entretanto, entende que preserva a parte que se refere ao seu corpo, autocuidado aprendido na esfera da família de origem. Contudo, quando passa a conviver com outro núcleo, constitui outra família, seu corpo entra também como parte das transformações que virão. Se terá filhos e quantos. Como ela é tratada ou se permite ser tratada, as violências que sofre. À medida que as modificações ocorrem no seu corpo pela gravidez, gestação e parto muitas coisas fugirão ao seu controle individual, pois passam também a ser domínio da família e do Estado. Uma grande reserva de energia precisa ser mobilizada para enfrentar esta contradição.

Observei em algumas situações que a existência de algumas mulheres parecia estar suspensa, a afetividade não se manifestava, o negativismo surgia. A falta de perspectivas de progresso ou construção de algo novo em torno de si provocava desalento. Seu universo parecia limitado. Mesmo falando muito, em alguns casos há então uma espécie de confusão mental, uma insegurança permanente, uma lacuna sobre o que fazer na sua própria vida. Pode tornar-se desejante de nova situação familiar. Ainda que possa parecer uma entrega e um conformismo, somente cada uma pode dizer de si. Sua experiência seus sentimentos. Para algumas a ideia de submissão e de desvalorização foi construída de tal forma que está arraigada. Faz com que elas ajam com outras mulheres, reproduzindo, sem saber, esta situação e até se identificando com o agressor como forma de defesa.

Como exemplo, me lembro que estava viajando de avião com uma amiga de São Paulo para Belo Horizonte. Embarcamos em um voo com empresários e, aparentemente, profissionais liberais e executivos. A predominância era de homens e apenas três ou quatro mulheres, dentre elas, nós duas que assentamos na penúltima fileira do lado esquerdo sem saber ou poder ver onde estavam as outras mulheres. De onde estávamos assentadas até onde a vista alcançava víamos apenas os homens. Um voo mais silencioso, e nós duas conversando. As comissárias ou atendentes dentro do avião eram mulheres. Eu falei para minha amiga que seríamos discriminadas: "o voo é masculino." Ela falou: "como assim? Não tem jeito!" Vamos ver. Ao servir o lanche a comissária foi servindo todos os homens da fila dupla da esquerda onde estávamos no penúltimo assento. Ao chegar à nossa vez de receber o lanche ela passou para a fila da direita, serviu a penúltima do lado direito e a última fila do lado esquerdo e depois voltou a nossa. Fomos as últimas a receber o pacotinho de amendoim e o refrigerante. Minha amiga ficou boquiaberta; eu tentei argumentar com a minha tese de que a percepção de desconsideração e o medo a fizeram agir daquela forma. Que ela provavelmente se sentia fragilizada e assim nos considerou. Minha amiga não queria acreditar no que ocorreu. Continuamos o voo e a comissária não veio recolher os copos, guardanapos e saquinhos de amendoim vazios. Recolheu todos os resíduos de todos os bancos menos os nossos, as únicas duas mulheres naquela parte do avião. Entreolhamo-nos e resolvemos pressionar o botão para chamar a comissária, com um pouco de indignação também. A luzinha acendeu e ficamos aguardando para nos desfazer dos copos e papéis e fechar a bandeja de lanche. Ela veio pelo corredor e olhou onde estavam as luzinhas em toda a fila da esquerda e não conseguiu enxergar que era em cima das nossas cabeças. Depois disto olhou a fila da direita já ia voltando para frente do avião, com a nossa luz acesa! Nós a chamamos. "Hein psiu!" "Olha aqui a luz acesa". Apontando para cima. Ela veio a contragosto e parecendo estar alheia a tudo que ocorria, recolheu o material, pressionou o botão da luz apagando-a. Ficamos chocadas com a evidência. Poderíamos ter dito que ela não estava num bom dia. Mas por que era atenciosa e amável com os outros passageiros? Não conseguimos dizer obrigada. Só nos entreolhamos com um sorriso entre espantado e triste de confirmação, temos muito a fazer. Ao mesmo tempo nossa atitude envolvia a sororidade. Tentar se colocar no lugar daquela mulher.

Viver como mulher em meio a uma cultura dominante que é de subestimação da mulher é algo gerador de um estado de alerta. Manter a atenção a situações e fatos que estimulam esta opressão, no sentido de suprimi-los ou minimizá-los é uma tarefa cotidiana. Entretanto esta tarefa exige observação e perspicácia a aspectos sutis da linguagem e das atitudes deste outro. Refletindo sobre a atitude da comissária pude depois me perguntar: por que agira daquela forma? Estaria sendo pressionada de alguma forma por ser mulher? Ela teria filhos? Estaria recebendo o mesmo valor salarial de seus colegas?

Enfrentar a mística é afirmar que vale a pena e é necessário educar a mulher para desenvolver seus potenciais, suas capacidades, realizando uma atualização constante de suas potencialidades com retorno para a sociedade e também para si mesma.

A CONSTRUÇÃO DA AUTONOMIA

O assédio, o preconceito, a inveja, a admiração, a tranquilidade, a paz são elementos identificados e relatados por mulheres casadas e divorciadas em conversas informais. Depois de terem vivido relacionamentos difíceis e até abusivos, algumas delas se tornaram bem-sucedidas economicamente com seu próprio trabalho. Afirmaram também terem se tornado ao mesmo tempo mais tolerantes e mais exigentes. Mais tolerantes com as falhas humanas, o que pode ser devido ao amadurecimento. Mais exigentes com a busca de uma qualidade de vida saudável com tranquilidade e bem-estar. Por vezes relataram observações que de alguma forma pareciam pressioná-las a encontrar logo um companheiro. As demandas por convivências variadas surgiram, assim como compreender e ser compreendida, e o estabelecimento de novas relações e diálogos traduziram-se como objetivos centrais com o advento de uma outra perspectiva.

Mesmo abrindo-se novas relações, algumas mulheres relatavam sentimentos ambíguos no início: ao mesmo tempo em que há uma procura por compreensão, compartilhamento e solidariedade, há receio de exposição, da crítica, de julgamentos. Estes dois últimos vão sendo simultaneamente enfrentados com o seu desenvolvimento e as diversas interações a que se expõe. Mesmo assim há pressões internas e externas pela busca de um companheiro, não estar só, não estar consigo mesma.

Observei outra forma de perceber este universo, conversando com um amigo, profissional liberal, divorciado e com filhos adultos. O mesmo afirmava que a condição da mulher e do homem era igual no Brasil a partir de 2009 e que não havia mais diferença. Depois de eu tentar argumentar que a mulher não pode ir a determinados lugares à noite, o mesmo negou. O último argumento para mostrar a diferença foi estatístico. A cada dezessete minutos uma mulher é agredida no Brasil. Depois de um silêncio ele argumentou: "isto é uma falácia!" Perguntei: "você acha que as estatísticas são inventadas?" Ele respondeu: "os homens agridem o corpo e as mulheres agridem a alma". Perguntei-me como assim! E compreendi que estamos muito distantes da igualdade e do respeito às mulheres.

Estimular o desenvolvimento de um novo relacionamento é difícil, especialmente quando se tem lembranças negativas de outros que levam ao receio. Pelos relatos, os homens no momento da conquista são altruístas, prestativos, calmos, maravilhosos. Passada a fase inicial começam as transformações ou a outra face da realidade. A falta de habilidade em imprimir mudanças e lidar com os conflitos surge. Desaparece o homem altruísta e surge o egoísta e reclamador, tudo é motivo de crítica e ironia. A solicitação para fazer um trabalho doméstico, comprar algo, colaborar em casa vira um transtorno, é melhor para muitos deitar no sofá e ver TV ou ir ao bar. O nervosismo torna-se uma constante. Para a mulher é a fase das "des": descobertas, desilusões, desentendimentos. Nas minhas conversas com mulheres, duas delas relataram que ele, dez anos depois, com 65 anos e o outro com 60, voltaram a procurar a companheira perdida, aquela mesma pessoa da qual se separara, pois ela era a pessoa certa e ele não havia se dado conta ao se afastar.

As mudanças radicais das pessoas não são regra nas relações interpessoais. Algumas mulheres ouvidas com esta perspectiva, para não repetirem o mesmo calvário, têm se negado a buscar um novo relacionamento. Envolvem-se em ações comunitárias, trabalhos voluntários, grupos de amigas, de viagens, de desenvolvimento espiritual e outras atividades. Perde-se, pelo receio e medo, a possibilidade de um encontro com um homem ou um novo homem. Aquela responsabilidade individual anterior que era investida na família pode transformar-se em uma responsabilidade social.

Em uma viagem, conversando com um grupo, uma das mulheres com 50 anos relatou o que ocorria consigo e com outras amigas. O marido de uma destas amigas não gostava de viajar. Ela tinha sonhos com viagens simples que não envolviam valores financeiro significativos. No entanto, ele não gostava de viajar e ela não podia ir sozinha. Sempre trabalhara em casa ajudando o marido e assim era dependente dele quanto a viagens. Sua ânsia por sair, conhecer outros lugares e pessoas estava estampada em seu rosto, entretanto ela se via incapaz de realizar estes desejos.

Em outro contexto com um grupo de conhecidas, incluindo uma senhora de 65 anos casada e que na ocasião era acompanhada por duas irmãs e um irmão, a situação foi distinta. Sua agilidade, autonomia e comunicação com todos eram evidentes. Tinha dicas, conselhos e uma observação de tudo que ocorria com o grupo. Era muito diferente a sua atitude de independência e iniciativa para conversar com outras pessoas, dizia que gostava de viajar e o fazia mesmo que o marido não gostasse. Esta mulher era independente financeiramente, com sua própria renda. Vários outros fatores pessoais e sociais poderiam ter estimulado um ou outro comportamento. Nesta circunstância o elemento de dependência financeira da primeira ficou mais evidenciado.

Marta Suplicy no livro "De Mariazinha a Maria", editado pela editora Vozes em 1985, cita o livro de Bruno Betelheim sobre os contos de fadas. Neles a Cinderela, a Branca de Neve, a Bela Adormecida estão à espera de um príncipe que venha salvá-las da letargia, do distanciamento das torres ou de uma rainha má. A ideia de um provedor também é em geral associada a este papel para o homem no casamento tradicional. A permanência nesta perspectiva pode gerar frustração se depende financeiramente do outro para realizar seu objetivo.

De outro lado, em histórias românticas do século XXI, alguns papéis já foram alterados. Como exemplo cito a experiência da escritora e professora inglesa Joanne K. Rowling. Ela apresentou nos seus textos, a partir do ano de 2003, a saga de Harry Potter, um menino com poderes de bruxo. Nos livros anteriores as bruxas ou fadas eram geralmente personagens femininas que surgiam como figuras mágicas com poderes sobrenaturais, malvadas ou boas, inteligentes e corajosas e também perseguidas. Na época medieval eram as bruxas, em sua maioria feminina, queimadas. Rowling criou também a personagem Hermione, uma bruxa que se destacava por seu excelente desempenho na escola e sua inteligência em relação ao aprendizado de estratégias para ajudar seu grupo. A personagem demonstra seus sentimentos e também impulsividade. Ficção e realidade se misturam, uma vez que em biografia da autora foi relatada a perseguição e violência sofrida pela mesma em local público na Europa pelo ex-companheiro, o que a obrigou a buscar medidas protetivas e a se mudar para outro país. Na época ela tentava terminar seus livros sobre Harry Potter e buscava editá-los, tendo recusas iniciais.

Com certeza o aumento do acesso a níveis mais avançados de educação e cultura favorece a construção da identidade da mulher e a sua autonomia. Entretanto, e talvez por este mesmo motivo, ainda se tente impedir ou dificultar o acesso à educação formal em alguns países.

Nesse sentido, uma situação dramática ocorreu em 2012 com a menina paquistanesa Malala Yousafzai que defendia o direito das mulheres a Educação. Ela foi baleada na cabeça por membros do Talibã e sobreviveu. Seu pai havia fundado uma escola para meninas no Vale do Swat no Paquistão. Malala queria estudar e entendia isto como um direito das mulheres daquela região. Mesmo com as sequelas, tornou-se posteriormente ativista e defensora desta causa junto a ONU, mudando-se para a Inglaterra.

A ideia de Educação de mulheres é recente na história, de acordo com Michelle Perrot. Ela registra no seu livro "Minha história das Mulheres", de 2007, a visão de Rousseau como uma defesa de que toda a educação das mulheres deveria ser para agradar aos homens e ser útil a eles. Com a Reforma religiosa proposta por Lutero teve início a obrigatoriedade do ensino como direito para homens e mulheres. Havia interesse na difusão de textos religiosos. Mesmo com esta perspectiva e fatos a situação ainda é crítica, pois a maioria dos analfabetos do mundo são meninas. Elas pagam um alto preço pela busca da Educação nas escolas.

No Brasil, algumas redes sociais e a TV, a partir de 2012, apresentaram reportagens, imagens e entrevistas com mulheres com nível superior, como delegadas assumindo papéis de comando em ambientes antes tipicamente masculinos. Embora em novelas do horário "nobre" da TV seja comum o repetido enredo de duas ou três mulheres disputando o mesmo homem, a novela de uma emissora em 2012 apresentou como personagem central uma destas delegadas.

Ainda nesta década observamos que muitas mulheres comuns buscavam aprender lutas e defesa pessoal e até participam de lutas competitivas. No cenário político elegeu-se pela primeira vez no Brasil uma mulher como presidenta e havia outra como candidata. Elegeram-se também várias vereadoras, deputadas, senadoras, governadoras e prefeitas. Contudo, ainda é necessário fiscalizar o cumprimento das cotas para mulheres nos partidos políticos visando melhorar a sua representatividade e efetivar de fato as cotas partidárias. Estes números, no entanto, estão muito distantes da representação da maioria numérica da população adulta.

Mesmo em um ambiente de transformação, com a construção de autonomia pela mulher, a violência tem aumentado tanto em números quanto na ferocidade da sua prática. O contraditório também pode ser observado: os registros oficiais dão conta de um aumento do número de denúncias de violência contra a mulher, entretanto, há divergências se este aumento se refere a uma atitude de denúncia aumentada ou se de fato há uma reação violenta em face da promulgação de leis de proteção às mulheres. Depois de mais de 15 anos de existência da Lei Maria da Penha (Lei 11.340 de 2006) ainda existem muitas lacunas e interrogações sobre o seu efetivo cumprimento e as consequências da sua aplicação. Para alguns a mulher teria menos direitos que outro ser humano, por isto alguns homens teriam o direito de decidir se devem matá-la ou não. O efetivo cumprimento dos preceitos desta lei e a punição dos criminosos, são objeto de luta diária de organizações da sociedade que acessam dados sobre esta situação.

Os dados compilados do estudo do IPEA a seguir podem ser acessados na sua integralidade no site: <http://www.ipea.gov.br/portal/images/stories/PDFs/13 0925_sum_estudo_feminicidio_leilagarcia.pdf>.

A taxa corrigida de feminicídios no Brasil foi 5,82 óbitos por 100.000 mulheres, no período 2009 a 2011. Ocorrem, em média 5.664 mortes de mulheres por causas violentas a cada ano, 472 a cada mês, 15,52 a cada dia, ou uma a cada hora e meia.

As regiões Nordeste, Centro-Oeste e Norte apresentaram as taxas de feminicídios mais elevadas, respectivamente, 6,90, 6,86 e 6,42 óbitos por 100.000 mulheres. Os estados com maiores taxas foram: Espírito Santo (11,24), Bahia (9,08), Alagoas (8,84), Roraima (8,51) e Pernambuco (7,81). Por sua vez, taxas mais baixas foram observadas nos estados do Piauí (2,71), Santa Catarina (3,28) e São Paulo (3,74).

Mulheres jovens foram as principais vítimas: 31% estavam na faixa etária de 20 a 29 anos e 23% de 30 a 39 anos. Mais da metade dos óbitos (54%) foram de mulheres de 20 a 39 anos.

E ainda, 61% dos óbitos foram de mulheres negras, que foram as principais vítimas em todas as regiões, à exceção da Sul. É estarrecedora a elevada proporção de óbitos (assassinatos) de mulheres negras nas regiões Nordeste (87%), Norte (83%) e Centro-Oeste (68%).

A maior parte das vítimas tinha baixa escolaridade, 48% daquelas com 15 ou mais anos de idade tinham até 8 anos de estudo. E ainda, 50% dos feminicídios envolveram o uso de armas de fogo e 34%, de instrumento perfurante, cortante ou contundente. Enforcamento ou sufocação foi registrado em 6% dos óbitos.

Maus tratos, incluindo agressão por meio de força corporal, força física, violência sexual, negligência, abandono e outras síndromes de maus tratos (abuso sexual, crueldade mental e tortura), foram registrados em 3% dos óbitos. O percentual de 29% dos feminicídios ocorreram no domicílio, 31% em via pública e 25% em hospital ou outro estabelecimento de saúde. Destes óbitos, 36% ocorreram aos finais de semana. Os domingos concentraram 19% das mortes. Um outro estudo disponível na internet é o Mapa da violência 2015, Homicídios de mulheres no Brasil de Júlio Jacobo Waiselfisz editado pela Flacso – Brasil (www.flacso.org.br).

Os dados atualizados divulgados no Atlas da Violência 2020 pelo IPEA (http://www.ipea.gov.br) apontam a ocorrência de 4519 assassinatos de mulheres nos lares. O texto registra que a maioria dos homicídios que foram perpetrados nas residências tem como autor pessoa conhecida ou íntima da mulher. O mesmo documento citado divulga um estudo feito nos EUA demonstrando que 70% das vítimas tinham sofrido agressão física anterior ao feminicídio. Portanto, este crime hediondo é a resultante final de uma série de agressões impingidas às mulheres. Há registro ainda de que 30,4% dos homicídios de mulheres em 2018 teriam sido feminicídios, um aumento de 6,6% em relação a 2017. E ainda, ente 2013 e 2018 a taxa de homicídios de mulheres fora de casa teria diminuído 11,5% e as mortes dentro de casa teriam aumentado 8,3%. No mesmo período há registro do aumento de 25% nos crimes contra as mulheres com uso de arma de fogo dentro da residência. Tal situação pode estar associada ao crescimento e difusão deste tipo de arma junto a população em geral.

Ao lado dos dados citados que ainda são pouco divulgados, continuam ocorrendo situações abordando este tipo de violência e ao mesmo tempo demonstrando como a cultura e a sociedade significam estes fatos.

Como exemplo cito uma emissora de rádio da cidade de Belo Horizonte que no mês de agosto de 2017 veiculou uma matéria na qual um repórter entrevistava um Juiz da Vara Criminal Especializada em "Violência Doméstica". É preciso observar que esta violência contra a mulher (31% dos feminicídios ocorreram em via pública) ocorre em vários locais, inclusive no trabalho, na rua. O juiz entrevistado informou que a faixa etária da maioria das agredidas é de 18 a 33 anos; os agressores em sua maioria são os maridos ou companheiros. Os crimes seriam: ameaça, lesões corporais e Vias de Fato. Sobre os homens, ele disse acreditar que eles estão se conscientizando.

Era uma entrevista onde dois homens falavam sobre a violência contra mulher e não foi abordado o significado do aumento do número de denúncias e sim que os maridos estavam se conscientizando. Uma das sutilezas culturais na qual este quadro macabro se insere. Em 2020 foi proposta pela lei 13.984, a possibilidade de reeducação do agressor.

Em outro documento a Rede de Observatórios de Segurança, envolvendo 05 estados, organizado por Sílvia Ramos sob o título "A dor e a luta das mulheres: números do feminicídio" de 2021, foi citado um exemplo de morte visando inicialmente o apagamento daquela identidade da mulher, sua morte simbólica, sua anulação: "outro extremo, é o cárcere privado acompanhado de tortura. Este tipo de violência que mata aos poucos expõe uma face sádica de práticas. Vanessa foi mantida pelo ex-marido durante 18 dias encarcerada, e ao longo desses dias foi submetida a uma rotina aterrorizante de espancamentos. A vítima não resistiu à série de torturas e veio a falecer, deixando cinco filhos. O ex-marido não aceitava o término do relacionamento".

Nossa cultura ainda expõe situações variadas e dentre elas, entrevistas sobre saúde da mulher, violência contra a mulher, maternidade e educação infantil onde os todos os especialistas são homens. Esta prática cultural aparentemente inócua reforça os padrões que visam silenciar a mulher e estimular a violência que persiste.

Na cidade de Belo Horizonte, em 2017, houve o primeiro julgamento de um advogado que em 2016 encomendou o assassinato da mulher, uma advogada servidora do Ministério Público, do Núcleo de Combate à Violência Contra a Mulher. Um escárnio da lei? Certeza da impunidade? Em 2020 uma Juíza foi morta na frente das filhas em via pública no Rio de Janeiro. Em 2021 um procurador assassinou a mulher em casa e registrou, com ajuda de médicos, falso atestado de óbito. Cinco menores ficaram órfãos. Mesmo com a dor destas perdas as mulheres têm se organizado e construído grupos de defesa e apoio para lutar pela vida.

Em conversa com alguns homens já se ouve que as mulheres são iguais aos homens. Outros já disseram que as mulheres não querem casar só querem ficar. Esta inversão que pode estar ocorrendo em algumas situações sinalizaria uma recusa ao papel específico de mãe, de cuidadora do outro? Por outro lado, ela coloca em questão os valores dominantes e cria riscos que precisam ser dimensionados pela sociedade diante do quadro atual de violência.

O texto de Eloneida Suart de 1975, "Mulher objeto de cama e mesa", editado pela Vozes, completou 46 anos. O livro de Martha Suplicy, "De Mariazinha a Maria", 42 anos, e faltam Marias com toda certeza. O medo e a opressão fertilizam ainda esta fase atual de vida das mulheres. Muitas se perguntam: O que vou falar? Para quem eu vou falar? O quanto eu devo falar? E Para que eu vou falar? As dúvidas e questionamentos fazem sentido diante das ações brutais de assassinato que por sua vez geraram ações preventivas como uso de tornozeleiras para criminosos e dispositivos de proteção para mulheres. Algumas "Marias" estão se tornando autônomas apesar da existência ainda de opressão, repressão e preconceito. A lei como um passo inicial, necessita de urgência na tipificação penal e na investigação criminal pelos sistemas responsáveis. Mesmo com todo o arcabouço legal muitas denúncias ficam paradas sem investigação.

Uma contribuição feita em 2013 por uma delegada capixaba visava minimizar o quadro de agressão às mulheres. Ela propôs a utilização de um instrumento opcional para ser usado por mulheres ameaçadas por companheiro ou marido. Trata-se do Botão do Pânico. O dispositivo, já utilizado em outros países, delimita até onde um suposto agressor poderia chegar perto da vítima. Caso ultrapasse este espaço, o botão pode ser acionado. Nele estão arquivadas as fotos da vítima e agressor potencial, o companheiro do qual ela já deve ter uma queixa registrada. Ao ser acionado, um sinal é enviado e as mensagens são captadas por uma central policial fornecendo a posição da vítima e do agressor como um GPS. A mensagem também é gravada e pode servir como prova em um processo judicial.

O Centro de Apoio à Mulher Benvinda é um serviço público de Belo Horizonte, da Secretaria Municipal de

Assistência Social, Segurança Alimentar e Cidadania que "realiza orientação, atendimento e acompanhamento às mulheres a partir de 18 anos que já vivenciaram e/ou vivenciam situações de violência doméstica e familiar baseadas no gênero, seja ela psicológica, física, sexual, patrimonial ou moral." Estas iniciativas são fundamentais para a transformação do quadro de violência, porém é fato que há subnotificação e muitas vezes as ocorrências nem chegam a ser registradas porque a vítima simplesmente não sabe o que pode acontecer com ela ao denunciar seu agressor".

Em Minas Gerais, em 2014, algumas instituições elaboraram e programaram suas ações básicas associadas à sobrevivência da mulher vítima de violência. Um dos exemplos, a SEV (Secretaria de Enfrentamento da Violência contra a Mulher) tem "como missão básica promover a prevenção e o combate à violência contra as mulheres, o atendimento à mulher em situação de violência e a garantia dos seus direitos". Para tanto, ela atua diretamente ou em cooperação com organismos governamentais, nos três níveis de Governo, o Sistema de Justiça e organizações não governamentais, em consonância com as diretrizes do Pacto Nacional de Enfrentamento à Violência contra as Mulheres. O instrumento legal e central na busca pela erradicação, prevenção e punição da violência contra a mulher é a Lei Maria da Penha.

Destacam-se, ainda, os três programas a seguir por sua amplitude e pelo acesso direto e imediato por parte das mulheres.

O Ligue 180 é uma Central de Atendimento à Mulher, que funciona 24 horas por dia durante todos os dias da semana (as ligações são gratuitas). Além de receber denúncias de violência contra a mulher, as atendentes prestam informações e orientam as mulheres em situação de violência a buscarem os serviços da Rede de Atendimento à Mulher em Situação de Violência para a garantia de seus direitos. A Rede pode ser acessada diretamente pelo portal da Secretaria de Políticas para as Mulheres – SPM (www.spm.gov.br): clicar em Ligue 180 (Central de Atendimento à Mulher) na página inicial e, em seguida, no Estado da interessada.

A Rede de Atendimento à Mulher em Situação de Violência é formada por um conjunto de ações e serviços públicos especializados de diferentes setores (em especial, da assistência social, da justiça, da segurança pública e da saúde), que visam à melhoria da qualidade do atendimento às mulheres, sobretudo na identificação e no encaminhamento adequado daquelas em situação de violência. A Rede leva em conta toda a diversidade das mulheres brasileiras em seus aspectos étnico-raciais, territoriais, geracionais, de orientação sexual, de deficiência e de inserção social, econômica e regional.

O programa "Mulher: Viver sem Violência" consiste num conjunto de ações estratégicas de enfrentamento à violência contra a mulher. Ele representa uma das mais recentes iniciativas da Secretaria de Políticas para as Mulheres da Presidência da República (SPM-PR), sob a coordenação da SEV, destinada à melhoria e rapidez no atendimento às vítimas da violência. São serviços públicos de segurança, justiça, saúde, assistência social, acolhimento, e orientação para trabalho, emprego e renda reunidos num mesmo local, Casa da Mulher Brasileira, em diferentes capitais. O programa inclui, ainda, ônibus equipados para levar os mesmos serviços às mulheres do campo e da floresta. Os dados referidos estão disponíveis no site (www.spm.gov.br). Estas possibilidades criadas no Brasil necessitam de verificação e análise estatística. Muitas iniciativas ocorreram em 2013, quando se instituiu uma Secretaria específica para apoiar as causas das mulheres. Depois de 2016, com o impeachment da única presidente mulher eleita, não há aqui avaliação ou julgamento do seu governo, a secretaria foi extinta e houve uma redução do número de mulheres nos Ministérios.

No âmbito mundial em que vários exércitos já admitem mulheres e que o exército brasileiro vem estudando a abertura de ações de combate para as mulheres, as estatísticas registram em 2020 o Brasil em 5º lugar como o país que mais mata mulheres e a maioria dos assassinos ainda ficam impunes com as mais diversas justificativas dos poderes constituídos. A busca da autonomia, sem dúvida, demanda coragem e enfrentamento dos condicionamentos sociais e da violência.

No caminho destas construções, a BBC Brasil publicou na internet um aspecto favorável para maior conhecimento da situação e enfrentamento do problema. Divulgou uma entrevista em 12 de outubro de 2013 com a policial Elisabete Sato, primeira mulher a ocupar o cargo de diretora do Departamento de Homicídios e de Proteção à Pessoa (DHPP) da Polícia Civil de São Paulo. A entrevistada citou dados, fatos e respondeu a questões como:

Como a mulher da sua geração tem evoluído na sociedade atual?

Na geração da minha mãe a maioria das mulheres era de donas de casa. Elas eram educadas e preparadas para lavar, cozinhar, limpar a casa, cuidar da educação dos filhos. Hoje não, a mulher tem seu emprego, é empresária, é executiva, é policial, mas ela não deixou de exercer as outras atividades, do lar, por exemplo. Eu sou casada, saio da delegacia e vou preparar o jantar.

Acha que seus poderes de escolha e de decisão aumentaram?

No cargo atual meu poder de decisão efetivamente aumentou. Decidir parece ser fácil, mas requer certa certeza ou um sentimento de que você está tomando a decisão correta. Só que a certeza absoluta é uma coisa inimaginável. E hoje, na sociedade, as decisões recaem muito sobre a mulher.

Eu dou um exemplo prático: um casal tem uma filha adolescente e ela pede ao pai que a leve a uma discoteca.

O pai simplesmente lava as mãos e a mãe tem que decidir. Ela compreende que a filha é jovem, vai a lugares onde se consome bebida alcoólica, pode ser vítima de um acidente de trânsito ou mesmo de um assalto. Eu conheço várias histórias nas quais a mãe acaba dizendo sim, porque a filha ou o filho insiste muito. Isso é para exemplificar que muitas vezes se lava as mãos e se deixa as coisas acontecerem. Então decidir parece fácil, mas não é.

Quais principais fatores e características pessoais considera hoje que foram importantes em sua história?

Primeiro, a vontade que nós temos de que as coisas deem certo. Quem veio para o seio policial tem que ser legalista, respeitar os direitos humanos e a dignidade da pessoa. Mas uma das qualidades com a qual me identifico é a persistência. Já passei por muitas situações emblemáticas, de pressão, mas o mais importante é você não perder o rumo, saber que você desempenha um papel importante dentro da sociedade e que a polícia está aqui para servir. Por mais que as pessoas queiram te denegrir, você mantém-se firme, olha para frente. Estou seguindo meu caminho sem dor de consciência porque o que eu estou fazendo é correto.

Muitos problemas que a senhora enfrentou não se resolvem na força. A condição de mulher ajudou?

Nesses anos que tenho na carreira de delegada aprendi a lidar com as pessoas, com o ser humano, e não ver os policiais como seres invisíveis. São pessoas que têm os seus problemas, são profissionais de polícia que vieram dessa sociedade, vieram de educações diferentes, de lares diferentes. Então você respeita o homem acima do profissional.

Ter crises de autoridade é uma das coisas que eu particularmente critico muito. Tudo o que eu faço é na base do, "por favor, vamos fazer isso", ou "quero ouvir sua opinião", "você acha que estamos corretos nessa investigação?" É compartilhar. Tratando bem as pessoas você consegue todos os seus objetivos. Eu nunca tive que gritar com policial que trabalhasse comigo, nem tive que pedir duas vezes a mesma coisa para o policial fazer. Porque eu sei que tenho a autoridade que o cargo me dá. Mas a vontade de trabalhar dos policiais é muito maior quando eles são respeitados. Quando você respeita as pessoas, as pessoas te respeitam, eles vêm trabalhar com muito mais prazer. Eles sabem que podem brincar que eu não vou ficar brava, mas quando estivermos no exercício da atividade, em uma diligência, num interrogatório importante, é seriedade. Se você consegue balancear tudo isso as coisas caminham com muito mais tranquilidade.

Questionada sobre a insuficiência da implementação da Lei Maria da Penha e de medidas protetivas destacou:

A participação social da mulher e suas opções tem alterado irremediavelmente o curso do desenvolvimento da sociedade patriarcal. Eximindo-se da tradicional culpabilização da mulher pelos problemas educacionais da família, é óbvio constatar que o tempo dedicado aos filhos diminui quando se aumenta para esta o tempo dedicado ao trabalho. Quando o trabalho se impõe como forma de sobrevivência e de provimento de alimento para a prole, este tempo se torna cada vez mais desigual nos espaços externos a casa e internos.

Afirmou ainda que a mulher se torna necessariamente uma marcadora de posição social. Atitude cada vez mais incompatível com a de submissão, aceitação inquestionável e escravização doméstica. De outro lado, a fragilidade imposta por este modelo de sociedade emergente aos filhos, maridos dependentes ou dominadores provoca nestes últimos reações de vários tipos. Muitas são de violência e de eliminação daquela que personaliza para eles a sua fragilização, questionando o seu poder.

A delegada Margareth de Freitas endossa o alerta: "Já tive, aqui, um caso de uma mulher que demorou 20 anos para fazer a denúncia. O que acontece, é que a vítima acaba ficando presa em um círculo de violência do qual não consegue mais sair. A primeira agressão ocorre, o agressor pede para que a mulher não denuncie e promete nunca mais cometer o ato, ela aceita. Passado algum tempo, ele volta a agredir a mulher e o círculo de violência está formado. É preciso se reconhecer neste círculo e denunciar o agressor, seja ele o namorado, companheiro ou marido, o mais rápido possível"

Observei que as mulheres ameaçadas se questionam com aquelas perguntas citadas anteriormente. O medo e a inoperância de várias instituições responsáveis pela investigação e imputação de pena aos criminosos confluem, para a cultura da violência que atinge toda a sociedade e tende a se perpetuar sem as medidas necessárias para impedir as agressões e os consequentes feminicídios com produção de criminosos e órfãos.

Contudo, é importante destacar o protagonismo de algumas mulheres e grupos organizados que vêm dando suporte a mudanças necessárias para construção de uma sociedade mais igualitária, mais humana e digna. A posição de liderança de mulheres ainda gera desconfortos e reações, pois a cultura e o sistema social estão em transformação.

Me lembro de uma conversa que tive em agosto de 2014 com um motorista de taxi sobre as eleições. Ele afirmou que não votava em mulher, pois o lugar de mulher era dentro de casa. Pensei que ele buscava uma reação, pois tínhamos então uma mulher na presidência da república no Brasil. Argumentei que o trabalho doméstico "não valia nada" (exagerei para ser compreendida e impactar). Ao que ele respondeu a contragosto pelo tom de voz: "eu valorizo o trabalho doméstico". Esta posição assumida de fato por todos os homens poderia transformar as relações sociais entre homens e mulheres com o decorrer do tempo, pois as atividades do trabalho doméstico ou do trabalho externo exigem diferentes movimentos e cuidados como o da alimentação e a saúde, bases para a vida familiar.

A participação das mulheres em grupos para pessoas acima de 60 anos tem estimulado a oportunidade de realizar atividades que melhoram a sua qualidade de vida, convivência social e autoestima. Simone de Beauvoir no livro "A velhice - volume II", publicado em 1970, abordou a relação das pessoas idosas com o mundo. Nesta época já havia um aumento da população acima de 65 anos na Europa e nos Estados Unidos e, dentre elas, 2/3 apresentavam algum tipo de doença. Havia também uma falta de instituições para acolher estas pessoas, a maioria com problemas financeiros. Em geral eram grupos da mesma faixa etária, sem contatos intergeracionais. Os cuidados eram então cuidados de longo prazo ou cuidados finais. Para estas populações algumas transformações são necessárias tendo em vista o aumento da expectativa de vida das mulheres. As estatísticas registram um aumento de 83% da população acima de 80 anos. Com o avançar da idade todas as pessoas apresentarão algumas dificuldades inerentes à condição humana. No Brasil, há necessidade de se desenvolver medidas culturais e educativas junto à população em geral, adultos, adolescentes e crianças visando educá-los para o convívio com aqueles que serão a maioria da população a partir de 2040.

As mulheres já são o grupo maior desta população e as mulheres idosas são também alvo de violência. A falta de recursos e apoio associadas a formação cultural que tiveram dificultam as denúncias de agressões. O fato de elas não entrarem na pesquisa, no entanto, não muda o fato de que as agressões acontecem em todas as idades. Visitei uma senhora de 85 anos que fora agredida pelo filho de 60 anos. Ela apresentava os hematomas pelo corpo, entretanto não foi registrada a ocorrência.

A velhice, ao mesmo tempo em que significa a conquista da longevidade, pode soar como decepção pelo isolamento e até agressões verbais e/ou físicas sofridas. Beauvoir cita diversos exemplos notadamente de homens ilustres com as suas formas de lidar com a velhice. Há no texto uma suposição implícita de que as mulheres não teriam estas estratégias e que as mesmas não seriam citadas nos textos numa época em os escritos femininos eram ocultados.

Atualmente, com o grande número de mulheres que passaram a exercer também um trabalho externo, o afastamento do trabalho pela aposentadoria pode resultar na exacerbação do trabalho doméstico com as suas consequências. Quanto a aposentadoria, ouvi relatos de mulheres muito ansiosas que não conseguiam ir ao trabalho quando a data da aposentadoria se aproximava. Sentiam-se estressadas. Outras diziam que choravam com esta aproximação. Aposentar-se tinha então um sentido de liberdade e ruptura. Cortam-se os vínculos com a instituição e os colegas de trabalho. E pode ser ampliado o comportamento de ficar em casa e o exercício do trabalho doméstico. Ao lado destes há também ruptura com atividades cotidianas rotineiras que nos condicionamos a fazer durante 20 ou 30 anos ininterruptamente. O condicionamento no uso e troca das roupas, nos olhares dados e recebidos no trabalho, nas interações verbais e até nas queixas e vivências de conflitos.

Friedan ressaltou os avanços e retrocessos culturais relacionados ao desenvolvimento pleno das mulheres nos EUA. Verificamos situações semelhantes no Brasil, sendo que após a promulgação da Lei Maria da Penha registrou-se um aumento dos crimes de feminicídio e agressões a mulher. Não há dúvidas de que com a lei as mulheres foram mais estimuladas a fazer denúncias de violência e estas denúncias contribuíram para a elevação dos registros. Entretanto, muitos crimes brutais passaram a ser noticiados cotidianamente conforme registramos no início deste livro.

Noticiou-se também o aumento de denúncias dos crimes de assédio em vários países, inclusive no Brasil. As denúncias envolviam a mídia e pessoas conhecidas do grande público. Pessoas com poder e que utilizavam seus postos de trabalho para submeter as mulheres a suas vontades.

O enfrentamento de cada mulher facilitará o caminho de nossas filhas e de todas que vierem posteriormente. Nenhuma prosseguirá sem luta e sem apelar a coragem.

Em 2015, a prova do ENEM - Exame Nacional do Ensino Médio do Brasil elegeu como tema para a redação a morte de mulheres chamada "feminicídio". Este termo proposto em 2015 estava relacionado ao aumento da violência contra a mulher. A definição no âmbito judiciário está associada aos diversos estudos sobre a violência contra a mulher que a meu ver não deveria ter o qualificativo de doméstica, é a violência contra a mulher que ocorre em quase todos os lugares. No lar ela tem sido mais fatal para as mulheres e até crianças. A dificuldade da população em geral em acessar a justiça é aumentada nestes casos, uma vez que se trata de entrar em um sistema pensado, construído e dirigido por homens com uma determinada posição cultural. A condição de crime contra a mulher fica explícita nestes casos denominados de feminicídio, no entanto, ainda é problemático para a vítima, se for atacada por ser mulher recorrer a um outro homem para ajudar.

Junto as omissões de atendimento e de apoio, algumas vezes a mulher agredida é julgada socialmente ao fazer a denúncia. A palavra da vítima precisa ser validada e investigada. Há necessidade de medidas protetivas e grupos de apoio e recusa a uma concepção amenizadora desta violência. Com alguns destes argumentos, constroem-se justificativas de que se uma mulher foi agredida, o motivo foi o fato de o homem estar alcoolizado (desculpa), ou então a mulher era sexy ou devassa e o provocou. Não raro nestes casos ela é condenada socialmente. O caso se encerra no boletim de ocorrência quando ela sai com a certeza da represália e ele com a certeza da impunidade. Assim volta a agredir senão, a matar. Quando elas morrem, a imprensa informa que aquela que foi assassinada, já tinha registrado um ou diversos boletins de ocorrência, o que de fato não surtiu efeito, ou seja, ela confiou em um sistema de valores que falhou e estimulou o feminicídio. Às vezes a mídia atua gerando descrédito nas ações de enfrentamento da violência e na efetivação das denúncias pela mulher.

Nesta perspectiva, em novembro de 2015, a delegada Elisabete Sato, falando sobre o assassinato de mulheres, respondeu a uma entrevista em rede social (divulgada internet) na qual reafirmou que existem muitas denúncias sem prosseguimento. E que as informações sobre o número de vítimas têm um duplo papel: ao mesmo tempo em que mostram a realidade, instauram o medo. Há criminosos condenados que recorrem e são libertados depois de matar. Conforme a entrevistada, a cada 15 segundos uma mulher é agredida. A cada hora e meia uma é assassinada. O criminoso é em 30% dos casos o marido, o namorado, o companheiro ou ex-companheiro. Sabemos que este número aumentou significativamente em 2020 e 2021. Quando a mulher toma a iniciativa de pôr fim a um relacionamento, às vezes assina a sua sentença de morte. A perda do poder instaura o ódio e a reação violenta diante da frustração. Pensando nas declarações citadas podemos nos perguntar: como se sente a mulher que gostaria de ter um companheiro neste universo cultural de violência? Se ela se perguntar: posso existir integralmente como mulher? A resposta atualmente creio que seria não. Se quiser ser livre, ter autonomia, viver de forma independente, falar o que pensa, cumprimentar alegremente as pessoas talvez tivesse que abrir mão de um novo relacionamento.

De outro lado é intrigante a atitude de algumas mulheres. Por que elas se comportam apoiando os que as oprimem? Medo? Dependência? Alienação? Tudo isto junto? Observei no contato com mulheres que trabalhavam apenas em casa uma dificuldade delas de se orientarem no espaço externo, encontrar e lembrar lugares e caminhos. Sabemos que algumas funções mentais associadas à percepção do espaço estão relacionadas as vivências do espaço físico no espaço externo. Se estas vivências cotidianas são restritas, as construções mentais relacionadas a elas também podem o ser. Esta restrição pode interferir na capacidade de pensar como pessoa livre.

Uma mulher considerava normal os gritos do marido com ela e os filhos. Outra considerava normal ele tomar o celular da sua mão. Mulheres ocultadas, acuadas, envergonhadas. Precisavam atender às expectativas da família. Os indícios da agressão eram minimizados, uma vez que refletir sobre eles exigiria uma tomada de atitude e esta teria consequências. O julgamento de sua incapacidade construído assim, como parte da sua identidade pessoal e autoestima, durante a opressão não permitiria que tal atitude tivesse êxito na sua ótica. Para quem vive anos de opressão, a ruptura tem consequências; nem todas ruins. Como agir? O que fazer? Como será a sociedade no futuro? Como nós a faremos?

A historiadora Michelle Perrot, em seu livro "Minha história das Mulheres", de 2006, traduzido no Brasil em 2015, aborda as diferenças entre o aspecto sexual, biológico e o gênero, mais relacionado ao cultural. A mulher sendo vista ainda pela falta, inferior por causa do seu sexo, sua genitália. Ela se apresentaria assim como receptiva e nutriz, com o sangue e o leite. Recorda as lutas pela contracepção e aborto que marcaram o movimento feminista na década de 1970. No Brasil existem ainda dificuldades em abordar o tema, considerado tabu, apesar de algumas alterações na legislação. brasileira.

Em nosso país os feminicídios diários têm aparecido em associação com uma onda de estupros, inclusive em locais públicos. É claro que estes fatos não passaram a existir neste século, mas sem dúvida passaram a ser mais divulgados. Resta avaliar com o devido cuidado se esta onda se trata de uma reação as transformações que as ações das mulheres vêm produzindo na sociedade ou a outro fator como a divulgação ou ambos. Foram criados instrumentos legais para apoiar as mulheres vítimas desta onda de crimes. Algumas das modificações introduzidas na legislação com reflexo no código penal foram a consideração do crime de estupro como imprescritível e inafiançável e a decretação da lei da importunação sexual; além da possibilidade de realização de aborto em gravidezes decorrentes de estupro.

O dia 25 de novembro foi definido como dia de combate contra o feminicídio, crime muitas vezes associado ao estupro. A Lei do feminicídio aprovada em março de 2015 determinou a sua inclusão na lista de crimes hediondos. Trata-se de uma medida preventiva contra a desagregação social provocada pela morte de mulheres e, sobretudo, das mães.

O ideal de relações interpessoais igualitárias entre homens e mulheres ainda não tem um horizonte visível: as lutas e conquistas caminham paralelamente ao aumento da violência contra a mulher, além de uma maior divulgação pela mídia destes fatos. Para as mulheres ainda é perigoso sair à noite sem ser atacada. Mesmo em lugares seguros, é arriscado sentar-se em um bar ou restaurante sozinha e pedir um copo de vinho para tomar e relaxar ouvindo uma boa música sem ser importunada ou assediada. Há ainda os olhares questionadores e desafiadores.

Busca-se ainda o direito de solicitar um produto ou serviço e ser atendida com competência, respeito e pontualidade. O direito de conversar com homens como amigos e companheiros sem implicar necessariamente uma busca sexual. De ter salários iguais aos dos homens pelo mesmo trabalho como preconiza a Declaração de 1948.

E quanto a maternidade e reprodução da sociedade? A criação dos filhos não deveria ser dever de ambos e como tal mutuamente compartilhado e apoiado? Engravidar, dar à luz, ter filhos, ainda é considerado um "problema" da mulher, tanto a concepção, quanto a gestação, como o pós-parto e o cuidado do bebe.

Entretanto, quando o assunto é o aborto, os legisladores, em sua maioria homens, afirmam ser um problema da sociedade e impedem o atendimento a inúmeras mulheres que morrem em decorrência de procedimentos inadequados para interromper uma gestação indesejada, que seria problema dela e ela deve "se virar" para resolver. Estas posições contraditórias e condenações prévias das mulheres resultam em óbitos de muitas mulheres que são depois novamente julgadas e condenadas por uma ação que seria "problema dela" resolver. Assim a falta de diálogo, compreensão, apoio e investimentos na reprodução e na saúde da mulher resulta em mais mortes. As perdas das mulheres mortas significam, frequentemente, famílias destruídas ou extremamente fragilizadas, cujos filhos passam a ter um futuro com mais adversidades a serem enfrentadas e sem uma proteção estruturadora da sua personalidade. A execução da mulher, especialmente se ela é mãe, tem repercussão direta no desenvolvimento dos filhos e na saúde mental deles.

Contudo, muitas mulheres continuam agindo também nos subterrâneos onde ainda são ocultadas. Geralmente são empurradas para lá. Empurradas por uma cultura e uma mentalidade reativa às mudanças que atinge homens, mulheres e crianças. Muitos não se dão conta da opressão que exercem em nome da manutenção do status quo e da opressão da mulher. Na Idade Média as justificativas para eliminar, queimar as mulheres eram em geral acusações de bruxaria. No século XXI não há motivações definidas: pode ser por ela querer o divórcio, direito adquirido em lei feita pelos homens. A Lei nº 6.515 de 26 de dezembro de 1977, lei do divórcio foi proposta em 1977 pelo Senador Nelson Carneiro. Foi considerada um marco no direito da família, sendo aprovada pelo Congresso Nacional neste mesmo ano.

Há também ocorrências que registram o assassinato da mulher por ela não ter obedecido a algum aviso ou mesmo, tenha ido trabalhar, estudar ou por querer terminar o relacionamento, por querer viver a sua própria vida.

Retomando a Educação formal como um direito e uma conquista a ser estimulada, os desníveis são enormes conforme o continente ou país. Na Europa há um maior número de mulheres licenciadas, entretanto sua presença diminui conforme ocorre a ascensão na carreira. A legislação ainda necessita ser posta em prática em diversos países e em todos os ambientes no que diz respeito à mulher.

Um exemplo da negação da educação foi exposto quando a adolescente Malala, citada anteriormente, registrou em seu livro escrito com Christina Lamb que as meninas continuam a ser mortas e as escolas de meninas explodidas. O motivo é a não aceitação da educação das mulheres nestas escolas. Elas relatam o ataque, em 2013, a uma escola que Malala já havia visitado. Uma bomba e uma granada foram lançadas no playground, no momento de uma cerimônia de entrega de prêmios. O diretor foi morto e várias crianças feridas. E ainda em junho de 2013 na cidade de Quetta, a menina Malala sofreu um enorme ataque. Um homem bomba explodiu um ônibus que a levava, junto a quarenta alunas para um colégio feminino. Catorze morreram. As meninas feridas foram seguidas pelos terroristas até o hospital onde algumas enfermeiras foram baleadas. Com a repercussão internacional dos crimes e as atitudes maduras que demonstrou e o exemplo que se tornou, Malala foi laureada em 2014 com o prêmio Nobel da Paz. Em 2017 ela ingressou em uma universidade europeia. Posteriormente, em 2018, retornou ao Paquistão e a sua cidade natal. Mesmo sabendo que era perigoso estudar, a ela não faltou coragem.

TRANSFORMAÇÕES NA SOCIEDADE?

As práticas que exigem da mulher a renúncia a sua própria individualidade acabam por ser nocivas a toda a sociedade. As mulheres não podem mais ser forçadas a passar o dia todo fazendo um trabalho que causa fadiga, monótono, infindável, não remunerado que não exige concentração mental ou tenha esperança de progresso ou reconhecimento. Como já assinalei, as rupturas sociais decorrentes de crimes contra a mulher provocam consequências dramáticas para toda a sociedade.

No século XXI, anos de 2015 a 2020, a imprensa registrou um novo movimento de mulheres denunciando inúmeros casos de crimes de assédio sexual. Há nestes casos tentativas de transformar a agredida em culpada. Como em 1920, após a obtenção do direito ao voto, houve uma ênfase da cultura dominante para a volta da mulher somente para o lar. Há também necessidade de vigilância em relação a cultura dominante que pode ameaçar, julgar, menosprezar ou cooptar movimentos das mulheres. A atenção aos movimentos que visam de manutenção de opressão é fundamental para que a sociedade se torne menos violenta e mais saudável.

No Brasil as mulheres estão estudando mais e já são maioria em cursos de graduação. A legislação sobre igualdade de oportunidades precisa ser posta em prática. Algumas empresas ainda atuam de forma a fazer com que as meninas entendam que aquela carreira não é para elas. Ao mesmo tempo algumas mulheres, que são empresárias, têm apoiado com ações efetivas as lutas femininas.

O percurso da luta das mulheres no Brasil foi registrado em estudos desde 1832, com diversas conquistas e dificuldades enfrentadas. Eva Blay e Lúcia Avelar apresentam no livro "50 anos de Feminismo na Argentina, Brasil e Chile" uma cronologia das várias ações empreendidas. Se no início do século XX foi elaborado um estatuto da mulher, poderia se pensar em uma declaração de reafirmação de direitos humanos que destacasse as omissões de direitos as quais as mulheres ainda estão submetidas?

Ela poderia afirmar que toda mulher tem direito a andar livremente pelas ruas e demais ambientes comuns da sociedade sem ser importunada?

E que toda mulher tem direito a usar o transporte coletivo sem sofrer ataques de qualquer tipo de natureza física, sexual ou verbal?

E que toda mulher tem direito a exercer sua profissão e permanecer no ambiente de trabalho sem ser constrangida ou obrigada a sair do mesmo por ataques físicos ou verbais ou de natureza sexual?

E que toda mulher tem direito a Educação? E que toda mulher tem direito a exercer um trabalho com remuneração igual a do homem se exerce a mesma função?

O prejuízo social decorrente da negligência em respeitar a situação da mulher precisa ser dimensionado. Quando é permitido ao ser humano evoluir de forma saudável existem compensações e riscos. Os riscos podem significar partida, separação, solidão, luto. Ao mesmo tempo significa viver de forma mais complexa e exigente com o que tem diante de si, além de uma realização das potencialidades no âmbito social. Quando não existe apoio ou há proibição do desenvolvimento as demais opções podem não ser adequadas, levando as mulheres a viverem abaixo das suas capacidades com um falso sentimento de segurança ou ameaçadas e acuadas, o que também é vivenciado pelos filhos.

Considerei enriquecedor ler livros como o de Simone de Beauvoir e o de Betty Friedan. A sensação é a de assistir a um filme de terror e ao mesmo tempo olhar a realidade. A exigência de conformidade aos padrões e a suposição de que só uma mulher excepcional pode dedicar-se a uma carreira persiste. Se a necessidade da mulher de autorrealização, autoestima, expressão da sua individualidade não são consideradas ou reconhecidas por ela própria e pelos outros a mulher é forçada a procurá-los nos caminhos possíveis: realização sexual, maternidade, posse de objetos materiais, consumismo e acumulação, tendo perda da sua inteligência e adoecimento.

A evolução e construção de identidade da mulher exige força, coragem, proteção e apoio. Quanto mais estabelecida é esta identidade menos egocêntrica a pessoa se torna e consequentemente mais voltada está para as questões sociais e mundiais. A transformação da sociedade então se põe em curso nesta construção da mulher.

Muitas mulheres desenvolveram qualidades que antes eram consideradas masculinas como: liderança, força de caráter, finalidades sociais, emancipação das trivialidades, ausência de medo e de timidez. São mais livres psicologicamente e mais autônomas. As pessoas com estas características têm uma visão de mundo mais ampla transcendendo as preocupações básicas da existência cotidiana.

As mulheres com este desenvolvimento não ameaçariam as fragilidades físicas, sinais da idade. Para elas também não parece haver hostilidade entre os sexos. Não consideram que a mulher deva ser passiva e o homem ativo no amor, sexo e na vida em geral. As capacidades e potencialidades para elas vão além de cozinhar, lavar, ser mãe e dona de casa.

Contudo, as exigências são de um enorme esforço para enfrentar os desafios que se apresentam; como construir sua progressão social ocupando posições sociais e políticas de relativo poder. Mesmo assim a pressão para que permaneça tudo como está "cumprindo o seu papel" gera dúvidas, incertezas e questionamentos para as mulheres: Conseguirei fazer o esforço para alcançar este objetivo?

Diversas estratégias para apoiar a luta das mulheres vêm sendo desenvolvidas e divulgadas. Elas buscam destacar valores e atitudes de várias mulheres corajosas, pioneiras. Há revisão inclusive de aspectos históricos onde elas foram ocultadas nas suas ações desmentindo sua culpabilidade em relação a problemas dos filhos quando ela trabalha fora.

Entre as mulheres que foram ocultadas pode ocorrer algum ressentimento pela não realização dos seus potenciais. Com a participação em grupos e o acesso às informações podem dialogar com outras mulheres buscando formas de realização, as mulheres gostam de conversar e podem se entender. A presença desta mulher que se afirma na vida social e no casamento destrói a ilusão da mulher apenas realizada como mãe e dona de casa. O sentimento de hostilidade e reações culturais no sentido de apagar esta realidade e validar o seu conformismo podem surgir. A luta torna-se necessária para sair do conformismo e fazer o esforço para realizar suas potencialidades, crescer e assumir os riscos.

O grande desenvolvimento tecnológico e científico dos últimos 50 anos vem interferindo nos processos de aprendizagem e aquisição de conhecimentos. A internet tornou-se um caminho promissor de apoio a mulheres que buscam uma formação profissional. Para quem optar por construir um novo percurso, com uma profissão e um saber específico, há oportunidades a serem vivenciadas, com persistência e coragem.

Por outro lado, a partir de 2016 a mídia, incluindo as redes sociais, passaram divulgar outra forma de violência: denúncias de abuso e violência sexual contra mulheres em vários lugares do planeta. Com a globalização das informações, noticiou-se desde a estarrecedora ação de grupos extremistas, sequestradores de centenas de jovens mulheres na Nigéria, África, até o lado obscuro do cinema hollywoodiano sob um aparente glamour e harmonia. Diante da opressão e do assédio a tarefa da mulher recomeçou no enfrentamento desta onda. Ainda não pode se sentar sozinha em um bar, tem receio de viajar sozinha, até o ambiente de trabalho e o transporte público foram utilizados por assediadores que foram denunciados.

O assédio tem o sentido de cercar, e também cercear a liberdade do outro. Era um tipo de importunação e opressão inconsequente para o criminoso. Daí a necessidade da lei de importunação sexual. Para as mulheres o caminho da denúncia deste crime tem sido uma alternativa crescente. Entretanto a vítima precisa construir provas para fazer esta denúncia e não tem segurança posterior, pois observam que as próprias vítimas de agressões que encontram amparo na Lei Maria da Penha não são totalmente resguardadas e ainda são assassinadas.

A opressão por meio do assédio e o menosprezo pela capacidade da mulher, às vezes é feito com atitudes de preconceito e com humilhação pública da figura feminina. Isto é dito de forma "natural" pelos opressores e assediadores. As formas de assédio são também disfarçadas. São exercidas por uma espécie de enganadores que imaginam ludibriar as pessoas em nome de uma ação profissional (Caso do 'médico-monstro' no Brasil). A sociedade brasileira mostrou esta face brutal quanto aos abusos, inclusive em vídeos divulgados na internet. Segundo o NEPEM o Brasil registrou 10 estupros coletivos por dia, sendo que vários deles resultaram em feminicídio. Este número dobrou em cinco anos, na vigência da lei Maria da Penha.

Para as mulheres negras há o agravante de terem três vezes mais chances de serem mortas. O SINAM - Sistema de Informações de Agravos de Notificação do Ministério da Saúde faz a notificação compulsória de casos de violência contra as mulheres. Os registros, entretanto, de oito casos de feminicídio por dia e os dez estupros coletivos por dia são a ponta de um iceberg.

Estes crimes seriam algum tipo de reação às realizações das mulheres, uma vez que paradoxalmente os registros de pesquisas científicas informam que 49% das pesquisas no Brasil nos últimos 20 anos, 1996 a 2015, foram realizadas por mulheres? Sinalizariam a qualidade da sociedade?

O arcabouço legal, as jurisprudências construídas ainda são insuficientes para desenvolver uma sociedade menos violenta que não ataque a quem a reproduz biologicamente. A sociedade continua produzindo as mortes e suas consequências: mais criminosos e órfãos.

As agressões podem ocorrer as escondidas ou abertamente na rua, de forma ofensiva, quando o assediador ri e se diverte. A vítima pode ser ridicularizada, agredida ou difamada se reagir: "está brigando por nada." "Deixa para lá". Muitas vezes esse assediador mostra sua covardia diante de uma autoridade que pode puni-lo. Aí se desculpa e chora e no outro dia repete a sua ação criminosa.

O aumento das denúncias de assédio envolvendo pessoas com poder econômico em vários países desenvolvidos sinalizou uma "hora de parar" mesmo de forma midiática em 2017 nos EUA, na Europa e também no Brasil. Eram homens com poder e que utilizavam seus postos de trabalho para submeter mulheres a suas vontades. As humilhações formam uma cadeia ininterrupta que domina a vida social, familiar e pessoal de muitas mulheres. A violência paira no ar e espreita o movimento de indignação, na maior parte das vezes ela se volta contra a agredida. A submissão vive nas entranhas depois que ela se instala. Conforme a visão de Simone Weil, a perfeita submissão é a ausência de lutas contra as circunstâncias hostis. O conformismo é a aceitação do destino imposto.

Existem formas de assédio camufladas e difíceis de enfrentar e denunciar. Dentre elas, a de profissionais que no exercício de sua profissão, em consultas a uma cliente ou paciente invadem sua intimidade. Como provar a falta de necessidade daquela pergunta ou atitude ou ação que em geral é tocar o corpo, o que só é feito em relação a clientes mulheres. A necessidade de profissionais mulheres nas diferentes áreas é um caminho necessário para enfrentar estes crimes.

Penso na necessidade de uma espécie de marketing feminino permanente que possa apresentar a população, as realizações das mulheres em todo o mundo inclusive junto aos grupos locais. Algumas emissoras de TV têm trabalhado neste sentido. Mas é necessário, a meu ver, intervir na proximidade, criando perspectivas nas comunidades, nos territórios próximos. Em relação ao transporte, algumas solicitações de serviços como motoristas mulheres ou vagões separados para mulheres estão sendo construídas com muitas lutas. As diversas áreas da saúde vêm também incorporando estas necessidades, porém de forma ainda lenta. A participação ativa de mulheres em áreas anteriormente restritas aos homens está sendo construída. Estamos desbravando campos não pensados pelas primeiras mulheres que lutaram e morreram reivindicando respeito à mulher como ser humano. Felizmente o estudo de temas relacionados as crianças e ao lar estão se equiparando a necessidade do estudo das ciências e da história para a criação de novas ideias. A educação superior tem favorecido sem dúvida o desenvolvimento pleno da mulher, entretanto, muitas adolescentes ainda engravidam sem o desejar, interrompendo o percurso do seu desenvolvimento. De toda forma o papel feminino da década de 1949 a 1960 foi alvo de enorme transformação social e da busca do fortalecimento da identidade das mulheres.

O casamento e a maternidade podem ser vistos como partes importantes da vida da mulher, mas não são a vida da mulher. Cada mulher que enfrentar esta realidade facilitará o caminho daquelas que vierem posteriormente. A realidade social vai por meio da luta das mulheres sendo transformada e vai modificando a formação cultural com seus significados, práticas, valores e também jurisprudências. Com certeza pode se acreditar em transformações, mas não ter ilusões de um caminho fácil.

A tarefa árdua precisa considerar quanto tempo a humanidade levou para compreender que a terra não era plana e não era o centro do universo. E também para aceitar que o sistema onde a terra se insere não é geocêntrico. Quantos morreram por contestar a crença dominante na Idade Média? Agora as verdades fixadas enfrentam uma forte contestação social: a afirmação de que a mulher é um ser humano, é uma cidadã. Tem capacidades que precisam se desenvolver em prol da humanidade. Pode decidir por conta própria o que lhe diz respeito. Suas demandas mais evidentes estão sendo expressadas das mais diversas formas em direção a eliminação da agressão física, do abuso sexual, da conquista da igualdade salarial e da divisão igualitária do trabalho doméstico e educação dos filhos.

Para nós mulheres é preciso acreditar, como Beauvoir, que a mulher pode ter a ambição de se expor e de se tornar autora e protagonista da sua história. Esta perspectiva não exclui a participação do homem, apesar de partir de uma luta das mulheres, toda a sociedade está envolvida. A contribuição, apoio e estímulo tem vindo também de homens que acreditam nesta sociedade transformada, daqueles que percebem a clara negação de direitos humanos às mulheres e dos que buscam uma sociedade menos violenta para as novas gerações, sobretudo para as meninas.

Mesmo com o acesso vedado a cargos com poder de encaminhar políticas sociais, as mulheres estão transformando a sociedade e a cultura com suas ações e atitudes. Quando voltamos nossos olhares para jovens mulheres cujas histórias são compartilhadas para inúmeras outras jovens, as identificações podem romper com antigas crenças.

Um desses exemplos é o da jovem Sabrina González Pasterski, americana de ascendência cubana. Ela foi a primeira mulher a se formar como melhor da turma em 20 anos no MIT. Trabalhou na construção de um avião pequeno e o pilotou antes dos dezoito anos. Se interessa pelo estudo de Buracos Negros e cursava o doutorado em Harvard no ano de 2017. A mesma foi entrevistada em vários programas que estão disponíveis na internet (Youtube).

Noutro, a agente ambiental Edna Dantas e sua filha Maria Gabrielly construíram em Pernambuco uma casa utilizando material reciclado, mais de 4 mil garrafas de plástico e vidro que coletaram na praia, com apoio de uma cooperativa. Elas afirmam a importância dos agentes ambientais para o futuro das gerações e que estes ainda não são reconhecidos pela sociedade.

As diferentes visões das reinvindicações femininas têm recebido também a denominação de feminismos, plural. Como temos observado, o feminismo é um movimento de massa, no aspecto quantitativo as mulheres representam a maior parte da população e no aspecto qualitativo expõe situações e possibilidades que foram ocultadas e ou negadas durante séculos. A precariedade da condição feminina é anterior ao capitalismo, assim como a opressão, a resistência e a luta. O advento do capitalismo reforçou em seu bojo a mentalidade escravagista e patriarcal em relação as mulheres ao lado da sociedade dividida em classes.

O feminismo vem se ampliando com demandas e nuances coerentes com as diferentes classes sociais e partidos políticos que começam a compreender a sua vitalidade envolvendo as mulheres de diferentes classes sociais e cores: negras, brancas e indígenas. Este movimento em nível mundial tem intersecções com a luta pela igualdade social, a luta contra o assédio, a violência e também pela igualdade salarial. Esta última não trata de enfatizar o fator econômico como a base na luta das mulheres, mas reivindicar a igualdade de fato. Constato que toda a jurisprudência construída até o início de 2021, todo o arcabouço legal, as diversas estratégias e organização de grupos de mulheres para deter violências têm sido insuficientes depois de 15 anos de promulgação da Lei Maria da Penha e também da promulgação da Lei do feminicídio no Brasil. De fato, a violência social aumentou em 2020 e 2021, ano da pandemia de coronavírus no mundo. O Anuário Brasileiro de Segurança Pública registrou 1206 casos de feminicídio no Brasil em 2018, com um crescimento de 11,3% em relação a 2017. Há situações onde o crime não é registrado como tal, uma vez que o criminoso alega suicídio da vítima, ou outro motivo, quando apenas os dois estão presentes na cena, ou há crianças envolvidas. As diligências se arrastam e em muitos casos permanecem sem resposta como ocorre com diversos registros de agressões a mulheres e até a crianças. O feminicídio é a finalização de um processo, pois conforme registra o Instituto Patrícia Galvão em 88,8% dos casos o criminoso era o companheiro ou ex-companheiro da mulher e 61% das mulheres assassinadas eram mulheres negras. O Instituto registra na sua plataforma digital "Violência contra as Mulheres em dados" que para 87,0% da população a pandemia de coronavírus coincidiu com o aumento da violência contra as mulheres. As políticas públicas e a legislação embora necessárias, são insuficientes para deter a marcha das mortes e agressões. A lei como ponto de partida ainda não viabiliza efetiva proteção às famílias que vão sendo consumidas pelos crimes e cujos sobreviventes se interrogam: por que ninguém fez nada?

A sociedade não deveria protegê-los? As instituições responsáveis pelas investigações, pelo cumprimento das leis, pelas sanções aos infratores não podem se descuidar destes órfãos que esperavam proteção e ficam desamparados. Quantos se tornarão violentos? Quantos vão entrar em depressão? Quantos vão se automutilar? Quantos poderão falar algum dia sobre o que foi ocultado?

É necessário envolver a todos: homens, jovens e meninos na compreensão de que a cada mulher que é assassinada, além dos filhos enlutados, todas as outras morrem um pouco e têm que lutar contra a desesperança. Do crime de feminicídio resultam criminosos e os órfãos que passam a compor a sociedade.

A educação e a cultura precisam combater o menosprezo, o deboche em relação mulher que reproduz biologicamente a espécie que povoa o planeta. Asseverando que a existência e desenvolvimento de todo o ser humano só é possível a partir do sangue da mulher e que este mesmo sangue não pode ser derramado por criminosos. E ainda, que o desamparo das crianças órfãs não contribui para uma sociedade menos violenta.

Nesta perspectiva, uma luta pela emancipação humana torna-se indissociável da emancipação da mulher. Não há como priorizar o humano e colocar a luta das mulheres em segundo plano, isto seria considerá-las como não humanas.

Como Rosa escreveu em Grande Sertão em 1956, Maria Deodorina personificava o mistério, a necessidade de se ocultar, não ser. Ela ocultava sua identidade no meio daquele cangaço. Se mostrar ali era perigoso. Uma mulher oculta, sentiu, sofreu e amou sem poder se expressar completamente. Ser mulher, se identificar, se expressar livremente ainda significa enfrentar situações de violência e perigo.

Entretanto, como na ficção, não se perde a esperança que é reafirmada no encontro de afinidades e bem querer. O cangaço não era compatível com uma mulher, não era para uma mulher, assim como não eram o exercício da ciência, a função de astronauta ou física nuclear, piloto de avião e oficial do exército. As roupas e modos não podiam expor seu ser mulher, mas a mulher exerceu também o cangaço como Rosa decidiu; com valentia, coragem, astúcia, lealdade e muitas qualidades na complexidade de Diadorim. A mulher feita para lutar e nunca ter medo. A mulher sensível escondida na forma de um jagunço para sobreviver e fazer justiça.

Priscila Augusta Lima

APÊNDICE 1

Assim é

Sangue na menstruação
Sangue no parto
No quarto sangue
Morte no chão
Não é sua sina
O sofrimento da menina
Apunhalada pelo valor da pensão
O fato concreto
Anunciado com antecedência
O valor retido
Mostrou quem manda
Quem mata
Quem paga fiança
Quem desmanda
Ignora a criança
Agora já é outra
O crime prescreveu
Não pergunte o que aconteceu
Aquele nunca existiu
Foi só uma fantasia
Um pesadelo ruim
Só ela desapareceu

As Jovens

Joana D'Arc foi uma
Deodorina foi outra
Muitas versões
Um fato, sertão, fogo

A faca o sangue
A bala certeira
Os galhos na fogueira
O medo deles
A coragem delas

Deixa queimar aquela
Depois ocultamos a outra
Quanto tempo passou?
Aconteceu hoje.

APÊNDICE 2

Inventário Pessoal

- *Você conquistou alguns dos seus sonhos?*
- *Na sua opinião as mulheres estão progredindo socialmente?*
- *Você tem grupos ou amigas para sair e ou conversar?*
- *Você seleciona o tipo de roupa que usa de modo a evitar possíveis críticas ou olhares?*
- *Já foi sozinha ou com amiga ao cinema?*
- *Gostaria de mudar algum comportamento?*
- *Quais são seus sonhos e desejos?*

APÊNDICE 3

Alguns grupos de apoio a Mulheres

ONU-Mulheres

Instituto Patrícia Galvão

Justiceiras

Mulheres do Brasil.org

Coletivo Margarida Alves

Benvinda-Centro de Apoio à Mulher

Priscila Augusta Lima

SOBRE A AUTORA

Priscila Augusta Lima é Psicóloga e escritora, natural de Belo Horizonte. É voluntária na Pastoral da Acolhida em Belo Horizonte. É autora dos livros:

- Educação inclusiva e Igualdade Social, 2006.
- Educação Inclusiva: indagações e ações
nas áreas da educação e da saúde, 2010
- humanidades poemas, 2021

Contatos com a autora pelo e-mail:
vivermulheres21@gmail.com

Priscila Augusta Lima